中 国
商业秘密法

TRADE SECRET LAW
OF
CHINA

韦　之/编纂

法律出版社
LAW PRESS·CHINA

图书在版编目(CIP)数据

中国商业秘密法 / 韦之编纂. -- 北京 : 法律出版社, 2023
ISBN 978-7-5197-8330-3

Ⅰ. ①中… Ⅱ. ①韦… Ⅲ. ①商业—保密法—中国
Ⅳ. ①D922.294

中国国家版本馆 CIP 数据核字(2023)第 176080 号

中国商业秘密法
ZHONGGUO SHANGYE MIMIFA

韦　之　编纂

责任编辑 李争春
装帧设计 李　瞻

出版发行 法律出版社
编辑统筹 法规出版分社
责任校对 张红蕊
责任印制 耿润瑜
经　　销 新华书店

开本 32K
印张 4.5　　字数 66 千
版本 2023 年 10 月第 1 版
印次 2023 年 10 月第 1 次印刷
印刷 北京盛通印刷股份有限公司

地址:北京市丰台区莲花池西里 7 号(100073)
网址:www.lawpress.com.cn
投稿邮箱:info@lawpress.com.cn
举报盗版邮箱:jbwq@lawpress.com.cn
销售电话:010-83938349
客服电话:010-83938350
咨询电话:010-63939796

书号:ISBN 978-7-5197-8330-3
定价:26.00 元
凡购买本社图书,如有印装错误,我社负责退换。电话:010-83938349

目　录

编纂方案

这是关于中国现行法律中的商业秘密制度的一个专题法律汇编。本书编纂遵循了以下原则性考虑：

法律的类型

按照大陆法系的传统，法律大致可以分为公法、私法。商业秘密保护的起点本来是私法，是其中的知识产权法的组成部分。当然，它也涉及公法规范。考虑到中国现行法律多为综合属性，而且一部法律的性质未必就是某个具体条文的性质，故本书并未以公私法泾渭分明作为追求，而只是按照效力和时间顺序“囫囵吞枣”。

效力位阶

法律因其制定者的身份不同而形成效力差异，即效力位阶。它是法律思维中的核心要素之一。限于精力和篇幅，尤其是考虑到中国法律的统一性，本书只收录中央统一立法，加上司法解释和国际条约。其中国内法律的位阶关系是很清晰的，即由全国人大制定的基本法律（本书并不涉及宪法本身）—全国人大常委会制定的法律—国务院制定的行政法规（国家监察委制定的条例效力应等同于行政法规）形成一座“金字塔”。

这里有两个特例，即人民法院的司法解释和国际条约。前者分为两部分，即审判个案的法官在判决书中所作的具体解释（A）和最高人民法院通过系列“法释”文件作的抽象解释（B）。它们都是对法律的有效解释，但在国内法的效力阶梯上处于何等，实难断论。至于后者，分为多边公约（A）和双边协议（B），只要经过立法机关的批准，原则上拥有优于国内法的效力。

一个当属“中国特色”的问题是，本书涉及的几部基本法律中除了新时代制定的《民法典》等，其他都由它当初的立法机构的常设机关，即全国人大常委会进行过修改。本书严格地按照制定者的身份安排条文位置，故出现了同一部法律分列两处的现象。

完整性

作为一部专题性法律汇编，完整性是其应有之义。完整的汇编可以提供特定领域（商业秘密保护）的全貌，但是，也不可避免地形成了大量的重复。读者不难发现，其中相当一部分条款并没有太多实际意义。当然，本书的任务之一是尊重现行法律的客观存在。

非完整性

由于以下诸原因，完整性只能是本书的目标而远非事实：

——选取的标准（关键词）难以尽善尽美；

——有的类别文献之多，无法评估，也难以悉数搜罗到。如司法解释 A 部、双边协定，故只能采取例证方式；

——手工作业的局限性；本书的编纂历时多年，笔者集中用过的网上搜索工具仅有国务院官网中的“行政法规库”。

极简

条文选取作了删节，一般到项，即一条多款时，仅收录含有商业秘密内容的那一（几）款；一款多项时，也仅摘录含有商业秘密内容的那一（几）项。遇有以商业秘密为标题的法律文件时，其中与商业秘密无直接关系的条款也删除，如司法解释 B 法释〔2020〕7 号。

直接

这是极简原则的一种具体化。条款项中有关键词才收录，间接指向其他商业秘密条款的不收入。例如，《反不正当竞争法》（1993、2019）第 17 条第 4 款规定了违反该法第 9 条（商业秘密保护核心条款）的责任，因缺乏关键词本身不收录。

“直接”的另一含义是指那些对保护商业秘密具有不可或缺的作用的原则条款，如《反不正当竞争法》（1993、2019）第 2 条第 1 款等，也不收录。

关键词

关键词 A 部是条文收录的依据。从其数量不难看出立法者的词汇量有多么丰富。他在不同的场合使用不同的词语，尽管它们都在本质上指向“商业秘密”。当然，本书对关键词的甄别多具有技术性，不能被认为是最终的结论。因为一个词后面的内涵，其多大程度上属于商业秘密的上位概念、子范畴或者关联词汇，需要大量的研究来佐证。

这也就是“非关键词”（B 部）产生的原因。笔者当然没有列举“商业惯例”“科学常识”等明显无关者，相反，那些入选者或多或少都曾经让笔者迟疑——它到底是谁？其中“新颖性”一词便是典型，面对它，笔者玩了多轮“否定之否定”的游戏。故这个清单首要的功能在于帮助笔者暂时放下心结，将背后的问题留存下来。

灵活性

对于上述原则（以及下述凡例、关键词）本书在编纂过程中保留了最低限度的变通安排。如收录

《集成电路布图设计保护条例》（2001）第21条的根据是“其内容”，这是对“发明创造的内容”的例外理解。

凡　例

以下为本书编纂过程中力图遵循的技术安排：

阿拉伯数字：

为简洁起见，一律将法律的条、款序号改用阿拉伯数字，项的序号仅部分替换，即笔者所写用阿拉伯数字，在法条内容中则从原文不动。法典中的用法未尽统一处，原样录入。例如，《期货交易管理条例》（2007、2017）第69条第1款为“1倍以上5倍以下的罚款；没有违法所得或者违法所得不满10万元的”（未使用汉字数字）。立法机构的决定、国际条约中的数字、序号也从所见文本原貌（包括其中对西文字母的使用）。

法律名称：

其中的国号省略，但在法条中出现的则保留。例如，《密码法》（2019）第26条第1款。其余部分不作简称，如民事诉讼法不缩写为“民诉法”；

条文标题：

国内法条文从惯例并无标题；国际条约中的条

文标题予以保留。

书名号：

法律文件标题一律使用书名号，但原条文中没有用书名号者保持原貌。

年份：

法律名后括号内的年份依次为最初制定年和最后一次修改年份，只有一个年份者表示未经过修改。特例：一部法律最初为全国人大制定，后由全国人大常委会修改的，在常委会部出现时，第一个是常委会最初介入的年份，如《行政处罚法》（2009、2021）。

司法解释：

司法解释的名称一律从简处理，即并不使用其名称而仅仅注明发文字号。文号后所附年份为最新修改时间。

缩略语：

本书中使用的缩略语很有限，且沿用常规，如“全国人大”（全国人民代表大会）等。故不再特别地集中罗列出来。

脚注：

本书编纂过程中并未添加脚注（个别补充说明，放在条文后用括号区分出来），若有则为法律文件本身附带的注释。

关键词

条文中含有A部词汇之一者即收录；仅仅含有B部词汇者，则不收录。词汇后面的法律条款为例证。

A

保密（等）义务，《民法典》（2020）第509条第2款

保密技术，《技术进出口管理条例》（2001、2020）第25条第2款

保密商务信息，《中美第一阶段经贸协议》（2020）第1章第2节

保密协议，法释〔2020〕26号第36条第1款

（保密性）交易信息，《电子商务法》（2018）第31条

保密专利（权），《专利法实施细则》（2001、2010）第7条第2款

交易密码，《电子商务法》（2018）第57条第1款

科学技术秘密，《科学技术进步法》（1993、2021）第106条第1款

秘方，《中医药法》（2016）第39条第2款

内幕信息，《证券法》（1998、2019）第50条

尚未公开的技术成果，法释〔2004〕20号、法释〔2020〕19号（2020）第4条

尚未公开的同样发明创造，法释〔2004〕20号、法释〔2020〕19号（2020）第23条第2款

商业秘密，《反不正当竞争法》（1993、2019）第9条

商用密码，《密码法》（2019）第6条第2款

设计思想，《计算机软件保护条例》（2001、2013）第17条

特定文件材料，法释〔2017〕16号、法释〔2020〕18号（2020）第7条

未发表的作品，《著作权法》（1990、2020）第46条第1款

未发表的著作，法释〔2004〕15号、法释〔2020〕21号（2020）第3条

未公开的发明，法释〔2004〕15号、法释

〔2020〕21号（2020）第3条

未公开的信息，《全国社会保障基金条例》（2016）第16条

未公开的专门信息，《计算机软件保护条例》（2001、2013）第13条第3项

未披露（的）试验数据，《药品管理法实施条例》（2002、2019）第34条第1款

未披露（的）信息，《区域全面经济伙伴关系协定》第11章第2条

新材料，《民法典》（2020）第851条第1款

新产品，《民法典》（2020）第851条第1款

新的技术成果，《民法典》（2020）第885条

新工艺，《民法典》（2020）第851条第1款

新技术，《民法典》（2020）第851条第1款

新颖性，《专利法》（1984、2020）第22条第2款

需要保密的商业信息，法释〔2020〕10号第6条第1款

业务秘密，《安全生产法》（2002、2021）第67条第2款

执业秘密，《公证法》（2005、2017）第22条第1款

B

例》（2001）

技术背景资料，《民法典》（2020）第 845 条第 2 款

技术成果，《国防法》（1997、2020）第 40 条第 1 款

技术措施，《著作权法》（1990、2020）第 49 条

技术方案，《专利法》（1984、2020）第 2 条第 2 款

技术服务合同，《民法典》（2020）第 878 条第 2 款

技术合同，《民法典》（2020）第 843 条

技术开发合同，《民法典》（2020）第 851 条第 1 款

技术特征，《专利法实施细则》（2001、2010）第 19 条第 1 款

技术文档，《民法典》（2020）第 845 条第 2 款

技术信息和资料，《民法典》（2020）第 845 条第 1 款

技术许可合同，《民法典》（2020）第 862 条第 2 款

技术转让合同，《民法典》（2020）第 862 条第 1 款

第 11 条

秘密文件，《国防法》（1997、2020）第 55 条第 3 款

秘密物品，《国防法》（1997、2020）第 55 条第 3 款

内幕交易，《期货交易管理条例》（2007、2017）第 69 条第 2 款

其他数据资料，《全国人大常委会关于维护互联网安全的决定》（2000、2009）四、（二）

其他有关资料，《食品安全法》（2009、2021）第 110 条第 3 项

其他资料，《反不正当竞争法》（1993、2019）第 13 条第 1 款第 2 项

商业性信息，《消费者权益保护法》（1993、2013）第 29 条第 3 款

设计思想，《计算机软件保护条例》（2001、2013）第 17 条

数据，《民法典》（2020）第 127 条

数据泄露，《网络安全法》（2016）第 31 条第 1 款

私密信息，《民法典》（2020）第 1032 条第 2 款

投标文件，《招标投标法实施条例》（2011、

（植物）新品种，《植物新品种保护条例》（1997、2014）

重大信息，《刑法》（1979、2020）第182条第1款第5项

专利申请权转让合同，法释〔2004〕20号、法释〔2020〕19号（2020）第23条

版　本

本书编纂过程中使用的主要文本资源：

报刊

《人民法院报》

图书

法律出版社：法律单行本系列

飞跃考试辅导中心编：“国家统一法律职业资格考试分类法规随身查”系列，中国法制出版社

中国法制出版社编：《知识产权法律工具箱：法律条文·流程图表·案例要旨·文书应用》，中国法制出版社 2015 年第 3 版

中国人民大学知识产权教学与研究中心、中国人民大学知识产权学院编：《知识产权国际条约集成》，清华大学出版社 2011 年版

最高人民法院民法典贯彻实施工作领导小组、最高人民法院研究室编：《最高人民法院实施民法典清理（立改废）司法解释文件汇编》，人民法院出版社 2021 年版

网络平台

中国人大网（www. npc. gov. cn）

中国政府网（www. gov. cn）

最高人民法院网（court. gov. cn）“权威发布”之“司法解释”

中国保护知识产权网（ipr. mofcom. gov. cn）

其他相关的网站

其他（内部资料）

《常用法律选编》，中南民族学院政法系法学教研室、思想政治教育研究室（《编后说明》1991 年 12 月）

《知识产权法规汇编》，北京大学知识产权学院 1997 年 1 月

正 文

全国人大

《刑法》(1979、1997)

第180条第2、3、4款(1999年文本将后2款合并) 单位犯前款罪的，对单位判处罚金，并对其直接负责的主管人员和其他直接责任人员，处五年以下有期徒刑或者拘役。

内幕信息的范围，依照法律、行政法规的规定确定。

知情人员的范围，依照法律、行政法规的规定确定。

第219条第4款(2020年文本第3款) 本条所称权利人，是指商业秘密的所有人和经商业秘密所有人许可的商业秘密使用人。

(该法于2020年由全国人大常委会修正)

《刑事诉讼法》(1979、2012)

第52条(2018年文本第54条)第3款 对涉

及国家秘密、商业秘密、个人隐私的证据，应当保密。

第150条（2018年文本第152条）第2款 侦查人员对采取技术侦查措施过程中知悉的国家秘密、商业秘密和个人隐私，应当保密；对采取技术侦查措施获取的与案件无关的材料，必须及时销毁。

第183条（2018年文本第188条）第1款 人民法院审判第一审案件应当公开进行。但是有关国家秘密或者个人隐私的案件，不公开审理；涉及商业秘密的案件，当事人申请不公开审理的，可以不公开审理。

（该法于2018年由全国人大常委会修正）

《民事诉讼法》（1991）

第66条（2023年文本第71条） 证据应当在法庭上出示，并由当事人互相质证。对涉及国家秘密、商业秘密和个人隐私的证据应当保密，需要在法庭出示的，不得在公开开庭时出示。

第120条（2023年文本第137条）第2款 离婚案件，涉及商业秘密的案件，当事人申请不公开审理的，可以不公开审理。

（该法于2023年由全国人大常委会修正）

《监察法》（2018）

第18条第2款　监察机关及其工作人员对监督、调查过程中知悉的国家秘密、商业秘密、个人隐私，应当保密。

《外商投资法》（2019）

第23条　行政机关及其工作人员对于履行职责过程中知悉的外国投资者、外商投资企业的商业秘密，应当依法予以保密，不得泄露或者非法向他人提供。

第39条　行政机关工作人员在外商投资促进、保护和管理工作中滥用职权、玩忽职守、徇私舞弊的，或者泄露、非法向他人提供履行职责过程中知悉的商业秘密的，依法给予处分；构成犯罪的，依法追究刑事责任。

《民法典》（2020）

第123条第2款　知识产权是权利人依法就下列客体享有的专有的权利：

（一）作品；

（二）发明、实用新型、外观设计；

（三）商标；

（四）地理标志；

（五）商业秘密；

（六）集成电路布图设计；

（七）植物新品种；

（八）法律规定的其他客体。

第 501 条 当事人在订立合同过程中知悉的商业秘密或者其他应当保密的信息，无论合同是否成立，不得泄露或者不正当地使用；泄露、不正当地使用该商业秘密或者信息，造成对方损失的，应当承担赔偿责任。

第 509 条第 2 款 当事人应当遵循诚信原则，根据合同的性质、目的和交易习惯履行通知、协助、保密等义务。

第 785 条 承揽人应当按照定作人的要求保守秘密，未经定作人许可，不得留存复制品或者技术资料。

第 845 条第 1 款 技术合同的内容一般包括项目的名称，标的的内容、范围和要求，履行的计划、地点和方式，技术信息和资料的保密，技术成果的归属和收益的分配办法，验收标准和方法，名词和术语的解释等条款。

第 846 条第 2 款 约定提成支付的，可以按照产品价格、实施专利和使用技术秘密后新增的产值、利润或者产品销售额的一定比例提成，也可以按照约定的其他方式计算。提成支付的比例可以采取固定比例、逐年递增比例或者逐年递减比例。

第 851 条第 1 款　技术开发合同是当事人之间就新技术、新产品、新工艺、新品种或者新材料及其系统的研究开发所订立的合同。

第 861 条　委托开发或者合作开发完成的技术秘密成果的使用权、转让权以及收益的分配方法，由当事人约定；没有约定或者约定不明确，依据本法第五百一十条的规定仍不能确定的，在没有相同技术方案被授予专利权前，当事人均有使用和转让的权利。但是，委托开发的研究开发人不得在向委托人交付研究开发成果之前，将研究开发成果转让给第三人。

第 862 条第 1、2 款　技术转让合同是合法拥有技术的权利人，将现有特定的专利、专利申请、技术秘密的相关权利让与他人所订立的合同。

技术许可合同是合法拥有技术的权利人，将现有特定的专利、技术秘密的相关权利许可他人实施、使用所订立的合同。

第 863 条第 1、2 款　技术转让合同包括专利权转让、专利申请权转让、技术秘密转让等合同。

技术许可合同包括专利实施许可、技术秘密使用许可等合同。

第864条 技术转让合同和技术许可合同可以约定实施专利或者使用技术秘密的范围，但是不得限制技术竞争和技术发展。

第868条 技术秘密转让合同的让与人和技术秘密使用许可合同的许可人应当按照约定提供技术资料，进行技术指导，保证技术的实用性、可靠性，承担保密义务。

前款规定的保密义务，不限制许可人申请专利，但是当事人另有约定的除外。

第869条 技术秘密转让合同的受让人和技术秘密使用许可合同的被许可人应当按照约定使用技术，支付转让费、使用费，承担保密义务。

第871条 技术转让合同的受让人和技术许可合同的被许可人应当按照约定的范围和期限，对让与人、许可人提供的技术中尚未公开的秘密部分，承担保密义务。

第872条第1款 许可人未按照约定许可技术的，应当返还部分或者全部使用费，并应当承担违约责任；实施专利或者使用技术秘密超越约定的范围的，违反约定擅自许可第三人实施该项专利或者使用该项技术秘密的，应当停止违约行为，承担违约责任；违反约定的保密义务的，应当承担违约责任。

第 873 条第 1 款 被许可人未按照约定支付使用费的，应当补交使用费并按照约定支付违约金；不补交使用费或者支付违约金的，应当停止实施专利或者使用技术秘密，交还技术资料，承担违约责任；实施专利或者使用技术秘密超越约定的范围的，未经许可人同意擅自许可第三人实施该专利或者使用该技术秘密的，应当停止违约行为，承担违约责任；违反约定的保密义务的，应当承担违约责任。

第 874 条 受让人或者被许可人按照约定实施专利、使用技术秘密侵害他人合法权益的，由让与人或者许可人承担责任，但是当事人另有约定的除外。

第 875 条 当事人可以按照互利的原则，在合同中约定实施专利、使用技术秘密后续改进的技术成果的分享办法；没有约定或者约定不明确，依据本法第五百一十条的规定仍不能确定的，一方后续改进的技术成果，其他各方无权分享。

第 885 条 技术咨询合同、技术服务合同履行过程中，受托人利用委托人提供的技术资料和工作条件完成的新的技术成果，属于受托人。委托人利用受托人的工作成果完成的新的技术成果，属于委托人。当事人另有约定的，按照其约定。

全国人大常委会

《商标法》（1982、2019）

第19条第1款 商标代理机构应当遵循诚实信用原则，遵守法律、行政法规，按照被代理人的委托办理商标注册申请或者其他商标事宜；对在代理过程中知悉的被代理人的商业秘密，负有保密义务。

《专利法》（1984、2020）

第18条第3款 专利代理机构应当遵守法律、行政法规，按照被代理人的委托办理专利申请或者其他专利事务；对被代理人发明创造的内容，除专利申请已经公布或者公告的以外，负有保密责任。专利代理机构的具体管理办法由国务院规定。

第21条第3款 在专利申请公布或者公告前，国务院专利行政部门的工作人员及有关人员对其内容负有保密责任。

第22条第1、2款 授予专利权的发明和实用新型，应当具备新颖性、创造性和实用性。

新颖性，是指该发明或者实用新型不属于现有技术；也没有任何单位或者个人就同样的发明或者实用新型在申请日以前向国务院专利行政部门提出过申请，并记载在申请日以后公布的专利申请文件或者公告的专利文件中。

第 24 条 申请专利的发明创造在申请日以前六个月内，有下列情形之一的，不丧失新颖性：

（一）在国家出现紧急状态或者非常情况时，为公共利益目的首次公开的；

（二）在中国政府主办或者承认的国际展览会上首次展出的；

（三）在规定的学术会议或者技术会议上首次发表的；

（四）他人未经申请人同意而泄露其内容的。

第 31 条第 1 款 一件发明或者实用新型专利申请应当限于一项发明或者实用新型。属于一个总的发明构思的两项以上的发明或者实用新型，可以作为一件申请提出。

《药品管理法》（1984、2019）

第 27 条第 2 款 批准上市药品的审评结论和依据应当依法公开，接受社会监督。对审评审批中知悉的商业秘密应当保密。

第 99 条第 4 款 药品监督管理部门进行监督检

查时，应当出示证明文件，对监督检查中知悉的商业秘密应当保密。

《档案法》（1987、2020）

第47条 档案主管部门及其工作人员应当按照法定的职权和程序开展监督检查工作，做到科学、公正、严格、高效，不得利用职权牟取利益，不得泄露履职过程中知悉的国家秘密、商业秘密或者个人隐私。

《环境保护法》（1989、2014）

第24条 县级以上人民政府环境保护主管部门及其委托的环境监察机构和其他负有环境保护监督管理职责的部门，有权对排放污染物的企业事业单位和其他生产经营者进行现场检查。被检查者应当如实反映情况，提供必要的资料。实施现场检查的部门、机构及其工作人员应当为被检查者保守商业秘密。

第56条第2款 负责审批建设项目环境影响评价文件的部门在收到建设项目环境影响报告书后，除涉及国家秘密和商业秘密的事项外，应当全文公开；发现建设项目未充分征求公众意见的，应当责成建设单位征求公众意见。

《著作权法》(1990、2020)

第 10 条第 1 款　著作权包括下列人身权和财产权：

（一）发表权，即决定作品是否公之于众的权利；

……

第 20 条第 2 款　作者将未发表的美术、摄影作品的原件所有权转让给他人，受让人展览该原件不构成对作者发表权的侵犯。

第 23 条　自然人的作品，其发表权、本法第十条第一款第五项至第十七项规定的权利的保护期为作者终生及其死亡后五十年，截止于作者死亡后第五十年的 12 月 31 日；如果是合作作品，截止于最后死亡的作者死亡后第五十年的 12 月 31 日。

法人或者非法人组织的作品、著作权（署名权除外）由法人或者非法人组织享有的职务作品，其发表权的保护期为五十年，截止于作品创作完成后第五十年的 12 月 31 日；本法第十条第一款第五项至第十七项规定的权利的保护期为五十年，截止于作品首次发表后第五十年的 12 月 31 日，但作品自创作完成后五十年内未发表的，本法不再保护。

视听作品，其发表权的保护期为五十年，截止于作品创作完成后第五十年的 12 月 31 日；本法第十条第一款第五项至第十七项规定的权利的保护期为五十年，截止于作品首次发表后第五十年的 12 月 31 日，但作品自创作完成后五十年内未发表的，本法不再保护。

第 46 条第 1 款 广播电台、电视台播放他人未发表的作品，应当取得著作权人许可，并支付报酬。

第 50 条第 1 款 下列情形可以避开技术措施，但不得向他人提供避开技术措施的技术、装置或者部件，不得侵犯权利人依法享有的其他权利：

……

（五）进行加密研究或者计算机软件反向工程研究。

第 65 条 摄影作品，其发表权、本法第十条第一款第五项至第十七项规定的权利的保护期在 2021 年 6 月 1 日前已经届满，但依据本法第二十三条第一款的规定仍在保护期内的，不再保护。

《科学技术进步法》（1993、2021）

第 35 条 国家鼓励新技术应用，按照包容审慎原则，推动开展新技术、新产品、新服务、新模式应用试验，为新技术、新产品应用创造条件。

第 36 条第 2 款 县级以上人民政府应当采取措

施，支持公益性农业科学技术研究开发机构和农业技术推广机构进行农业新品种、新技术的研究开发、应用和推广。

第 41 条第 3 款　企业开发新技术、新产品、新工艺发生的研究开发费用可以按照国家有关规定，税前列支并加计扣除，企业科学技术研究开发仪器、设备可以加速折旧。

第 47 条第 2 款　国务院有关部门和省级人民政府应当通过制定产业、财政、金融、能源、环境保护和应对气候变化等政策，引导、促使企业研究开发新技术、新产品、新工艺，进行技术改造和设备更新，淘汰技术落后的设备、工艺，停止生产技术落后的产品。

《反不正当竞争法》（1993、2019）

第 9 条　经营者不得实施下列侵犯商业秘密的行为：

（一）以盗窃、贿赂、欺诈、胁迫、电子侵入或者其他不正当手段获取权利人的商业秘密；

（二）披露、使用或者允许他人使用以前项手段获取的权利人的商业秘密；

（三）违反保密义务或者违反权利人有关保守商业秘密的要求，披露、使用或者允许他人使用其所掌握的商业秘密；

（四）教唆、引诱、帮助他人违反保密义务或者违反权利人有关保守商业秘密的要求，获取、披露、使用或者允许他人使用权利人的商业秘密。

经营者以外的其他自然人、法人和非法人组织实施前款所列违法行为的，视为侵犯商业秘密。

第三人明知或者应知商业秘密权利人的员工、前员工或者其他单位、个人实施本条第一款所列违法行为，仍获取、披露、使用或者允许他人使用该商业秘密的，视为侵犯商业秘密。

本法所称的商业秘密，是指不为公众所知悉、具有商业价值并经权利人采取相应保密措施的技术信息、经营信息等商业信息。

第 15 条 监督检查部门及其工作人员对调查过程中知悉的商业秘密负有保密义务。

第 17 条第 3 款 因不正当竞争行为受到损害的经营者的赔偿数额，按照其因被侵权所受到的实际损失确定；实际损失难以计算的，按照侵权人因侵权所获得的利益确定。经营者恶意实施侵犯商业秘密行为，情节严重的，可以在按照上述方法确定数额的一倍以上五倍以下确定赔偿数额。赔偿数额还应当包括经营者为制止侵权行为所支付的合理开支。

第 21 条 经营者以及其他自然人、法人和非法人组织违反本法第九条规定侵犯商业秘密的，由监督检查部门责令停止违法行为，没收违法所得，处十万元以上一百万元以下的罚款；情节严重的，处五十万元以上五百万元以下的罚款。

第 30 条 监督检查部门的工作人员滥用职权、玩忽职守、徇私舞弊或者泄露调查过程中知悉的商业秘密的，依法给予处分。

第 32 条 在侵犯商业秘密的民事审判程序中，商业秘密权利人提供初步证据，证明其已经对所主张的商业秘密采取保密措施，且合理表明商业秘密被侵犯，涉嫌侵权人应当证明权利人所主张的商业秘密不属于本法规定的商业秘密。

商业秘密权利人提供初步证据合理表明商业秘密被侵犯，且提供以下证据之一的，涉嫌侵权人应当证明其不存在侵犯商业秘密的行为：

（一）有证据表明涉嫌侵权人有渠道或者机会获取商业秘密，且其使用的信息与该商业秘密实质上相同；

（二）有证据表明商业秘密已经被涉嫌侵权人披露、使用或者有被披露、使用的风险；

（三）有其他证据表明商业秘密被涉嫌侵权人

侵犯。

《注册会计师法》（1993、2014）

第 19 条 注册会计师对在执行业务中知悉的商业秘密，负有保密义务。

《公司法》（1993、2018）

第 148 条第 1 款 董事、高级管理人员不得有下列行为：

……

（七）擅自披露公司秘密；

……

《对外贸易法》（1994、2022）

第 38 条第 2 款 国务院对外贸易主管部门和国务院其他有关部门及其工作人员进行对外贸易调查，对知悉的国家秘密和商业秘密负有保密义务。

《劳动法》（1994、2018）

第 22 条 劳动合同当事人可以在劳动合同中约定保守用人单位商业秘密的有关事项。

《审计法》（1994、2021）

第 16 条 审计机关和审计人员对在执行职务中知悉的国家秘密、工作秘密、商业秘密、个人隐私和个人信息，应当予以保密，不得泄露或者向他人非法提供。

第 40 条第 2 款 审计机关通报或者公布审计结果，应当保守国家秘密、工作秘密、商业秘密、个人隐私和个人信息，遵守法律、行政法规和国务院的有关规定。

第 57 条 审计人员滥用职权、徇私舞弊、玩忽职守或者泄露、向他人非法提供所知悉的国家秘密、工作秘密、商业秘密、个人隐私和个人信息的，依法给予处分；构成犯罪的，依法追究刑事责任。

《广告法》（1994、2021）

第 52 条 市场监督管理部门和有关部门及其工作人员对其在广告监督管理活动中知悉的商业秘密负有保密义务。

《法官法》（1995、2019）

第 10 条 法官应当履行下列义务：

……

（五）保守国家秘密和审判工作秘密，对履行职责中知悉的商业秘密和个人隐私予以保密；

……

第 46 条第 1 款 法官有下列行为之一的，应当给予处分；构成犯罪的，依法追究刑事责任：

……

（三）泄露国家秘密、审判工作秘密、商业秘密或者个人隐私的；

……

《检察官法》（1995、2019）

第10条 检察官应当履行下列义务：

……

（五）保守国家秘密和检察工作秘密，对履行职责中知悉的商业秘密和个人隐私予以保密；

……

第47条第1款 检察官有下列行为之一的，应当给予处分；构成犯罪的，依法追究刑事责任：

……

（三）泄露国家秘密、检察工作秘密、商业秘密或者个人隐私的；

……

《商业银行法》（1995、2015）

第53条 商业银行的工作人员不得泄露其在任职期间知悉的国家秘密、商业秘密。

第87条 商业银行工作人员泄露在任职期间知悉的国家秘密、商业秘密的，应当给予纪律处分；构成犯罪的，依法追究刑事责任。

《保险法》（1995、2015）

第116条　保险公司及其工作人员在保险业务活动中不得有下列行为：

……

（十二）泄露在业务活动中知悉的投保人、被保险人的商业秘密；

……

《固体废物污染环境防治法》（1995、2020）

第26条第2款　实施现场检查，可以采取现场监测、采集样品、查阅或者复制与固体废物污染环境防治相关的资料等措施。检查人员进行现场检查，应当出示证件。对现场检查中知悉的商业秘密应当保密。

《促进科技成果转化法》（1996、2015）

第11条第1款　国家建立、完善科技报告制度和科技成果信息系统，向社会公布科技项目实施情况以及科技成果和相关知识产权信息，提供科技成果信息查询、筛选等公益服务。公布有关信息不得泄露国家秘密和商业秘密。对不予公布的信息，有关部门应当及时告知相关科技项目承担者。

第22条第1款　企业为采用新技术、新工艺、新材料和生产新产品，可以自行发布信息或者委托科技中介服务机构征集其所需的科技成果，或者征寻科技成果转化的合作者。

第30条第2款 科技中介服务机构提供服务，应当遵循公正、客观的原则，不得提供虚假的信息和证明，对其在服务过程中知悉的国家秘密和当事人的商业秘密负有保密义务。

第41条 科技成果完成单位与其他单位合作进行科技成果转化的，合作各方应当就保守技术秘密达成协议；当事人不得违反协议或者违反权利人有关保守技术秘密的要求，披露、允许他人使用该技术。

第42条第1、2款 企业、事业单位应当建立健全技术秘密保护制度，保护本单位的技术秘密。职工应当遵守本单位的技术秘密保护制度。

企业、事业单位可以与参加科技成果转化的有关人员签订在职期间或者离职、离休、退休后一定期限内保守本单位技术秘密的协议；有关人员不得违反协议约定，泄露本单位的技术秘密和从事与原单位相同的科技成果转化活动。

第48条第2款 科技中介服务机构及其从业人员违反本法规定泄露国家秘密或者当事人的商业秘密的，依照有关法律、行政法规的规定承担相应的法律责任。

第 51 条　违反本法规定，职工未经单位允许，泄露本单位的技术秘密，或者擅自转让、变相转让职务科技成果的，参加科技成果转化的有关人员违反与本单位的协议，在离职、离休、退休后约定的期限内从事与原单位相同的科技成果转化活动，给本单位造成经济损失的，依法承担民事赔偿责任；构成犯罪的，依法追究刑事责任。

《律师法》（1996、2017）

第 38 条　律师应当保守在执业活动中知悉的国家秘密、商业秘密，不得泄露当事人的隐私。

律师对在执业活动中知悉的委托人和其他人不愿泄露的有关情况和信息，应当予以保密。但是，委托人或者其他人准备或者正在实施危害国家安全、公共安全以及严重危害他人人身安全的犯罪事实和信息除外。

第 48 条　律师有下列行为之一的，由设区的市级或者直辖市的区人民政府司法行政部门给予警告，可以处一万元以下的罚款；有违法所得的，没收违法所得；情节严重的，给予停止执业三个月以上六个月以下的处罚：

……

（四）泄露商业秘密或者个人隐私的。

《职业教育法》（1996、2022）

第31条 国家鼓励行业组织、企业等参与职业教育专业教材开发，将新技术、新工艺、新理念纳入职业学校教材，并可以通过活页式教材等多种方式进行动态更新；支持运用信息技术和其他现代化教学方式，开发职业教育网络课程等学习资源，创新教学方式和学校管理方式，推动职业教育信息化建设与融合应用。

《证券法》（1998、2019）

第50条 禁止证券交易内幕信息的知情人和非法获取内幕信息的人利用内幕信息从事证券交易活动。

第51条 证券交易内幕信息的知情人包括：

（一）发行人及其董事、监事、高级管理人员；

（二）持有公司百分之五以上股份的股东及其董事、监事、高级管理人员，公司的实际控制人及其董事、监事、高级管理人员；

（三）发行人控股或者实际控制的公司及其董事、监事、高级管理人员；

（四）由于所任公司职务或者因与公司业务往来可以获取公司有关内幕信息的人员；

（五）上市公司收购人或者重大资产交易方及其控股股东、实际控制人、董事、监事和高级管理人员；

（六）因职务、工作可以获取内幕信息的证券交易场所、证券公司、证券登记结算机构、证券服务机构的有关人员；

（七）因职责、工作可以获取内幕信息的证券监督管理机构工作人员；

（八）因法定职责对证券的发行、交易或者对上市公司及其收购、重大资产交易进行管理可以获取内幕信息的有关主管部门、监管机构的工作人员；

（九）国务院证券监督管理机构规定的可以获取内幕信息的其他人员。

第 52 条 证券交易活动中，涉及发行人的经营、财务或者对该发行人证券的市场价格有重大影响的尚未公开的信息，为内幕信息。

本法第八十条第二款、第八十一条第二款所列重大事件属于内幕信息。

第 53 条第 1 款 证券交易内幕信息的知情人和非法获取内幕信息的人，在内幕信息公开前，不得买卖该公司的证券，或者泄露该信息，或者建议他人买卖该证券。

第 54 条 禁止证券交易场所、证券公司、证券登记结算机构、证券服务机构和其他金融机构的从业人员、有关监管部门或者行业协会的工作人员，利用因职务便利获取的内幕信息以外的其他未公开的信息，违反规定，从事与该信息相关的证券交易活动，或者明示、暗示他人从事相关交易活动。

利用未公开信息进行交易给投资者造成损失的，应当依法承担赔偿责任。

第 179 条第 1 款 国务院证券监督管理机构工作人员必须忠于职守、依法办事、公正廉洁，不得利用职务便利牟取不正当利益，不得泄露所知悉的有关单位和个人的商业秘密。

第 191 条 证券交易内幕信息的知情人或者非法获取内幕信息的人违反本法第五十三条的规定从事内幕交易的，责令依法处理非法持有的证券，没收违法所得，并处以违法所得一倍以上十倍以下的罚款；没有违法所得或者违法所得不足五十万元的，处以五十万元以上五百万元以下的罚款。单位从事内幕交易的，还应当对直接负责的主管人员和其他直接责任人员给予警告，并处以二十万元以上二百万元以下的罚款。国务院证券监督管理机构工作人员从事内幕交易的，从重处罚。

违反本法第五十四条的规定，利用未公开信息进行交易的，依照前款的规定处罚。

第 217 条　国务院证券监督管理机构或者国务院授权的部门的工作人员，不履行本法规定的职责，滥用职权、玩忽职守，利用职务便利牟取不正当利益，或者泄露所知悉的有关单位和个人的商业秘密的，依法追究法律责任。

《行政复议法》（1999、2023）

第 47 条　行政复议期间，申请人、第三人及其委托代理人可以按照规定查阅、复制被申请人提出的书面答复、作出行政行为的证据、依据和其他有关材料，除涉及国家秘密、商业秘密、个人隐私或者可能危及国家安全、公共安全、社会稳定的情形外，行政复议机构应当同意。

《个人独资企业法》（1999）

第 20 条　投资人委托或者聘用的管理个人独资企业事务的人员不得有下列行为：

……

（九）泄露本企业的商业秘密；

……

《刑法》（1999、2020）

第180条第1、4款 证券、期货交易内幕信息的知情人员或者非法获取证券、期货交易内幕信息的人员，在涉及证券的发行，证券、期货交易或者其他对证券、期货交易价格有重大影响的信息尚未公开前，买入或者卖出该证券，或者从事与该内幕信息有关的期货交易，或者泄露该信息，或者明示、暗示他人从事上述交易活动，情节严重的，处五年以下有期徒刑或者拘役，并处或者单处违法所得一倍以上五倍以下罚金；情节特别严重的，处五年以上十年以下有期徒刑，并处违法所得一倍以上五倍以下罚金。

证券交易所、期货交易所、证券公司、期货经纪公司、基金管理公司、商业银行、保险公司等金融机构的从业人员以及有关监管部门或者行业协会的工作人员，利用因职务便利获取的内幕信息以外的其他未公开的信息，违反规定，从事与该信息相关的证券、期货交易活动，或者明示、暗示他人从事相关交易活动，情节严重的，依照第一款的规定处罚。

第219条第1、2款 有下列侵犯商业秘密行为之一，情节严重的，处三年以下有期徒刑，并处或者单处罚金；情节特别严重的，处三年以上十年以下有期徒刑，并处罚金：

（一）以盗窃、贿赂、欺诈、胁迫、电子侵入或者其他不正当手段获取权利人的商业秘密的；

（二）披露、使用或者允许他人使用以前项手段获取的权利人的商业秘密的；

（三）违反保密义务或者违反权利人有关保守商业秘密的要求，披露、使用或者允许他人使用其所掌握的商业秘密的。

明知前款所列行为，获取、披露、使用或者允许他人使用该商业秘密的，以侵犯商业秘密论。

第219条之一　为境外的机构、组织、人员窃取、刺探、收买、非法提供商业秘密的，处五年以下有期徒刑，并处或者单处罚金；情节严重的，处五年以上有期徒刑，并处罚金。

（该法最初于1979年由全国人大制定）

《职业病防治法》（2001、2018）

第8条第1款　国家鼓励和支持研制、开发、推广、应用有利于职业病防治和保护劳动者健康的新技术、新工艺、新设备、新材料，加强对职业病的机理和发生规律的基础研究，提高职业病防治科学技术水平；积极采用有效的职业病防治技术、工艺、设备、材料；限制使用或者淘汰职业病危害严重的技术、工艺、设备、材料。

《安全生产法》（2002、2021）

第29条 生产经营单位采用新工艺、新技术、新材料或者使用新设备，必须了解、掌握其安全技术特性，采取有效的安全防护措施，并对从业人员进行专门的安全生产教育和培训。

第67条第2款 安全生产监督检查人员执行监督检查任务时，必须出示有效的行政执法证件；对涉及被检查单位的技术秘密和业务秘密，应当为其保密。

《行政许可法》（2003、2019）

第5条第2款 有关行政许可的规定应当公布，未经公布的，不得作为实施行政许可的依据。行政许可的实施和结果，除涉及国家秘密、商业秘密或者个人隐私的外，应当公开。未经申请人同意，行政机关及其工作人员、参与专家评审等的人员不得披露申请人提交的商业秘密、未披露信息或者保密商务信息，法律另有规定或者涉及国家安全、重大社会公共利益的除外；行政机关依法公开申请人前述信息的，允许申请人在合理期限内提出异议。

第72条 行政机关及其工作人员违反本法的规定，有下列情形之一的，由其上级行政机关或者监察机关责令改正；情节严重的，对直接负责的主管人员和其他直接责任人员依法给予行政处分：

……

（五）违法披露申请人提交的商业秘密、未披露信息或者保密商务信息的；

……

《证券投资基金法》（2003、2015）

第20条　公开募集基金的基金管理人及其董事、监事、高级管理人员和其他从业人员不得有下列行为：

……

（六）泄露因职务便利获取的未公开信息、利用该信息从事或者明示、暗示他人从事相关的交易活动；

……

第114条　国务院证券监督管理机构工作人员依法履行职责，进行调查或者检查时，不得少于二人，并应当出示合法证件；对调查或者检查中知悉的商业秘密负有保密的义务。

第144条　基金服务机构未建立应急等风险管理制度和灾难备份系统，或者泄露与基金份额持有人、基金投资运作相关的非公开信息的，处十万元以上三十万元以下罚款；情节严重的，责令其停止基金服务业务。对直接负责的主管人员和其他直接责任人员给予警告，撤销基金从业资格，并处三万元以上十万元以下罚款。

《银行业监督管理法》（2003、2006）

第43条第2款 银行业监督管理机构从事监督管理工作的人员贪污受贿，泄露国家秘密、商业秘密和个人隐私，构成犯罪的，依法追究刑事责任；尚不构成犯罪的，依法给予行政处分。

《公证法》（2005、2017）

第13条 公证机构不得有下列行为：

……

（四）泄露在执业活动中知悉的国家秘密、商业秘密或者个人隐私；

……

第22条第1款 公证员应当遵纪守法，恪守职业道德，依法履行公证职责，保守执业秘密。

第23条 公证员不得有下列行为：

……

（八）泄露在执业活动中知悉的国家秘密、商业秘密或者个人隐私；

……

第 42 条第 1 款　公证机构及其公证员有下列行为之一的，由省、自治区、直辖市或者设区的市人民政府司法行政部门对公证机构给予警告，并处二万元以上十万元以下罚款，并可以给予一个月以上三个月以下停业整顿的处罚；对公证员给予警告，并处二千元以上一万元以下罚款，并可以给予三个月以上十二个月以下停止执业的处罚；有违法所得的，没收违法所得；情节严重的，由省、自治区、直辖市人民政府司法行政部门吊销公证员执业证书；构成犯罪的，依法追究刑事责任：

……

（五）泄露在执业活动中知悉的国家秘密、商业秘密或者个人隐私的；

……

《劳动合同法》（2007、2012）

第 23 条　用人单位与劳动者可以在劳动合同中约定保守用人单位的商业秘密和与知识产权相关的保密事项。

对负有保密义务的劳动者，用人单位可以在劳动合同或者保密协议中与劳动者约定竞业限制条款，并约定在解除或者终止劳动合同后，在竞业限制期限内按月给予劳动者经济补偿。劳动者违反竞业限制约定的，应当按照约定向用人单位支付违约金。

第 24 条第 1 款 竞业限制的人员限于用人单位的高级管理人员、高级技术人员和其他负有保密义务的人员。竞业限制的范围、地域、期限由用人单位与劳动者约定，竞业限制的约定不得违反法律、法规的规定。

第 90 条 劳动者违反本法规定解除劳动合同，或者违反劳动合同中约定的保密义务或者竞业限制，给用人单位造成损失的，应当承担赔偿责任。

《反垄断法》（2007、2022）

第 49 条 反垄断执法机构及其工作人员对执法过程中知悉的商业秘密、个人隐私和个人信息依法负有保密义务。

第 66 条 反垄断执法机构工作人员滥用职权、玩忽职守、徇私舞弊或者泄露执法过程中知悉的商业秘密、个人隐私和个人信息的，依法给予处分。

《民事诉讼法》（2007、2023）

第 159 条 公众可以查阅发生法律效力的判决书、裁定书，但涉及国家秘密、商业秘密和个人隐私的内容除外。

（该法最初于 1991 年由全国人大制定）

《劳动争议调解仲裁法》（2007）

第 26 条　劳动争议仲裁公开进行，但当事人协议不公开进行或者涉及国家秘密、商业秘密和个人隐私的除外。

《食品安全法》（2009、2021）

第 82 条第 2 款　省级以上人民政府食品安全监督管理部门应当及时公布注册或者备案的保健食品、特殊医学用途配方食品、婴幼儿配方乳粉目录，并对注册或者备案中获知的企业商业秘密予以保密。

《行政处罚法》（2009、2021）

第 50 条　行政机关及其工作人员对实施行政处罚过程中知悉的国家秘密、商业秘密或者个人隐私，应当依法予以保密。

第 64 条　听证应当依照以下程序组织：

……

（三）除涉及国家秘密、商业秘密或者个人隐私依法予以保密外，听证公开举行；

……

（该法最初于 1996 年由全国人大制定）

《人民调解法》（2010）

第 15 条　人民调解员在调解工作中有下列行为

之一的，由其所在的人民调解委员会给予批评教育、责令改正，情节严重的，由推选或者聘任单位予以罢免或者解聘：

……

（四）泄露当事人的个人隐私、商业秘密的。

《关于在北京、上海、广州设立知识产权法院的决定》（2014）

二、知识产权法院管辖有关专利、植物新品种、集成电路布图设计、技术秘密等专业技术性较强的第一审知识产权民事和行政案件。

……

《行政诉讼法》（2014、2017）

第32条 代理诉讼的律师，有权按照规定查阅、复制本案有关材料，有权向有关组织和公民调查，收集与本案有关的证据。对涉及国家秘密、商业秘密和个人隐私的材料，应当依照法律规定保密。

当事人和其他诉讼代理人有权按照规定查阅、复制本案庭审材料，但涉及国家秘密、商业秘密和个人隐私的内容除外。

第41条 与本案有关的下列证据，原告或者第三人不能自行收集的，可以申请人民法院调取：

……

（二）涉及国家秘密、商业秘密和个人隐私的证据；

……

第43条第1款　证据应当在法庭上出示，并由当事人互相质证。对涉及国家秘密、商业秘密和个人隐私的证据，不得在公开开庭时出示。

第54条第2款　涉及商业秘密的案件，当事人申请不公开审理的，可以不公开审理。

第65条　人民法院应当公开发生法律效力的判决书、裁定书，供公众查阅，但涉及国家秘密、商业秘密和个人隐私的内容除外。

（该法最初于1989年由全国人大制定）

《反间谍法》（2014、2023）

第11条第2款　国家安全机关及其工作人员依法履行反间谍工作职责获取的个人和组织的信息，只能用于反间谍工作。对属于国家秘密、工作秘密、商业秘密和个人隐私、个人信息的，应当保密。

第69条　国家安全机关工作人员滥用职权、玩忽职守、徇私舞弊，或者有非法拘禁、刑讯逼供、暴力取证、违反规定泄露国家秘密、工作秘密、商业秘密和个人隐私、个人信息等行为，依法予以处分，构成犯罪的，依法追究刑事责任。

《网络安全法》(2016)

第 36 条 关键信息基础设施的运营者采购网络产品和服务，应当按照规定与提供者签订安全保密协议，明确安全和保密义务与责任。

第 45 条 依法负有网络安全监督管理职责的部门及其工作人员，必须对在履行职责中知悉的个人信息、隐私和商业秘密严格保密，不得泄露、出售或者非法向他人提供。

《中医药法》(2016)

第 39 条第 2 款 国家鼓励组织和个人捐献有科学研究和临床应用价值的中医药文献、秘方、验方、诊疗方法和技术。

《电子商务法》(2018)

第 25 条 有关主管部门依照法律、行政法规的规定要求电子商务经营者提供有关电子商务数据信息的，电子商务经营者应当提供。有关主管部门应当采取必要措施保护电子商务经营者提供的数据信息的安全，并对其中的个人信息、隐私和商业秘密严格保密，不得泄露、出售或者非法向他人提供。

第 31 条 电子商务平台经营者应当记录、保存平台上发布的商品和服务信息、交易信息，并确保信息的完整性、保密性、可用性。商品和服务信息、交易信息保存时间自交易完成之日起不少于三年；法律、行政法规另有规定的，依照其规定。

第 57 条第 1 款 用户应当妥善保管交易密码、电子签名数据等安全工具。用户发现安全工具遗失、被盗用或者未经授权的支付的，应当及时通知电子支付服务提供者。

第 87 条 依法负有电子商务监督管理职责的部门的工作人员，玩忽职守、滥用职权、徇私舞弊，或者泄露、出售或者非法向他人提供在履行职责中所知悉的个人信息、隐私和商业秘密的，依法追究法律责任。

《关于专利等知识产权案件诉讼程序若干问题的决定》（2018）

一、当事人对发明专利、实用新型专利、植物新品种、集成电路布图设计、技术秘密、计算机软件、垄断等专业技术性较强的知识产权民事案件第一审判决、裁定不服，提起上诉的，由最高人民法院审理。

二、当事人对专利、植物新品种、集成电路布图设计、技术秘密、计算机软件、垄断等专业技术性较强的知识产权行政案件第一审判决、裁定不服，提起上诉的，由最高人民法院审理。

《外商投资法》(2019)

第23条 行政机关及其工作人员对于履行职责过程中知悉的外国投资者、外商投资企业的商业秘密，应当依法予以保密，不得泄露或者非法向他人提供。

第39条 行政机关工作人员在外商投资促进、保护和管理工作中滥用职权、玩忽职守、徇私舞弊的，或者泄露、非法向他人提供履行职责过程中知悉的商业秘密的，依法给予处分；构成犯罪的，依法追究刑事责任。

《密码法》(2019)

第6条第2款 密码分为核心密码、普通密码和商用密码。

第8条 商用密码用于保护不属于国家秘密的信息。

公民、法人和其他组织可以依法使用商用密码保护网络与信息安全。

第21条 国家鼓励商用密码技术的研究开发、学术交流、成果转化和推广应用，健全统一、开放、竞争、有序的商用密码市场体系，鼓励和促进商用密码产业发展。

各级人民政府及其有关部门应当遵循非歧视原

则，依法平等对待包括外商投资企业在内的商用密码科研、生产、销售、服务、进出口等单位（以下统称商用密码从业单位）。国家鼓励在外商投资过程中基于自愿原则和商业规则开展商用密码技术合作。行政机关及其工作人员不得利用行政手段强制转让商用密码技术。

商用密码的科研、生产、销售、服务和进出口，不得损害国家安全、社会公共利益或者他人合法权益。

第 22 条　国家建立和完善商用密码标准体系。

国务院标准化行政主管部门和国家密码管理部门依据各自职责，组织制定商用密码国家标准、行业标准。

国家支持社会团体、企业利用自主创新技术制定高于国家标准、行业标准相关技术要求的商用密码团体标准、企业标准。

第 23 条　国家推动参与商用密码国际标准化活动，参与制定商用密码国际标准，推进商用密码中国标准与国外标准之间的转化运用。

国家鼓励企业、社会团体和教育、科研机构等参与商用密码国际标准化活动。

第 24 条　商用密码从业单位开展商用密码活

动，应当符合有关法律、行政法规、商用密码强制性国家标准以及该从业单位公开标准的技术要求。

国家鼓励商用密码从业单位采用商用密码推荐性国家标准、行业标准，提升商用密码的防护能力，维护用户的合法权益。

第25条 国家推进商用密码检测认证体系建设，制定商用密码检测认证技术规范、规则，鼓励商用密码从业单位自愿接受商用密码检测认证，提升市场竞争力。

商用密码检测、认证机构应当依法取得相关资质，并依照法律、行政法规的规定和商用密码检测认证技术规范、规则开展商用密码检测认证。

商用密码检测、认证机构应当对其在商用密码检测认证中所知悉的国家秘密和商业秘密承担保密义务。

第26条 涉及国家安全、国计民生、社会公共利益的商用密码产品，应当依法列入网络关键设备和网络安全专用产品目录，由具备资格的机构检测认证合格后，方可销售或者提供。商用密码产品检测认证适用《中华人民共和国网络安全法》的有关规定，避免重复检测认证。

商用密码服务使用网络关键设备和网络安全专

用产品的，应当经商用密码认证机构对该商用密码服务认证合格。

第 27 条　法律、行政法规和国家有关规定要求使用商用密码进行保护的关键信息基础设施，其运营者应当使用商用密码进行保护，自行或者委托商用密码检测机构开展商用密码应用安全性评估。商用密码应用安全性评估应当与关键信息基础设施安全检测评估、网络安全等级测评制度相衔接，避免重复评估、测评。

关键信息基础设施的运营者采购涉及商用密码的网络产品和服务，可能影响国家安全的，应当按照《中华人民共和国网络安全法》的规定，通过国家网信部门会同国家密码管理部门等有关部门组织的国家安全审查。

第 28 条　国务院商务主管部门、国家密码管理部门依法对涉及国家安全、社会公共利益且具有加密保护功能的商用密码实施进口许可，对涉及国家安全、社会公共利益或者中国承担国际义务的商用密码实施出口管制。商用密码进口许可清单和出口管制清单由国务院商务主管部门会同国家密码管理部门和海关总署制定并公布。

大众消费类产品所采用的商用密码不实行进口

许可和出口管制制度。

第29条 国家密码管理部门对采用商用密码技术从事电子政务电子认证服务的机构进行认定，会同有关部门负责政务活动中使用电子签名、数据电文的管理。

第30条 商用密码领域的行业协会等组织依照法律、行政法规及其章程的规定，为商用密码从业单位提供信息、技术、培训等服务，引导和督促商用密码从业单位依法开展商用密码活动，加强行业自律，推动行业诚信建设，促进行业健康发展。

第31条 密码管理部门和有关部门建立日常监管和随机抽查相结合的商用密码事中事后监管制度，建立统一的商用密码监督管理信息平台，推进事中事后监管与社会信用体系相衔接，强化商用密码从业单位自律和社会监督。

密码管理部门和有关部门及其工作人员不得要求商用密码从业单位和商用密码检测、认证机构向其披露源代码等密码相关专有信息，并对其在履行职责中知悉的商业秘密和个人隐私严格保密，不得泄露或者非法向他人提供。

第36条 违反本法第二十六条规定，销售或者提供未经检测认证或者检测认证不合格的商用密码产品，或者提供未经认证或者认证不合格的商用密码服务的，由市场监督管理部门会同密码管理部门责令改正或者停止违法行为，给予警告，没收违法产品和违法所得；违法所得十万元以上的，可以并处违法所得一倍以上三倍以下罚款；没有违法所得或者违法所得不足十万元的，可以并处三万元以上十万元以下罚款。

第37条第1款 关键信息基础设施的运营者违反本法第二十七条第一款规定，未按照要求使用商用密码，或者未按照要求开展商用密码应用安全性评估的，由密码管理部门责令改正，给予警告；拒不改正或者导致危害网络安全等后果的，处十万元以上一百万元以下罚款，对直接负责的主管人员处一万元以上十万元以下罚款。

第38条 违反本法第二十八条实施进口许可、出口管制的规定，进出口商用密码的，由国务院商务主管部门或者海关依法予以处罚。

第40条 密码管理部门和有关部门、单位的工作人员在密码工作中滥用职权、玩忽职守、徇私舞弊，或者泄露、非法向他人提供在履行职责中知悉的商业秘密和个人隐私的，依法给予处分。

《公职人员政务处分法》（2020）

第 39 条 有下列行为之一，造成不良后果或者影响的，予以警告、记过或者记大过；情节较重的，予以降级或者撤职；情节严重的，予以开除：

……

（五）泄露国家秘密、工作秘密，或者泄露因履行职责掌握的商业秘密、个人隐私的。

《香港特别行政区维护国家安全法》（2020）

第 63 条第 1、2 款 办理本法规定的危害国家安全犯罪案件的有关执法、司法机关及其人员或者办理其他危害国家安全犯罪案件的香港特别行政区执法、司法机关及其人员，应当对办案过程中知悉的国家秘密、商业秘密和个人隐私予以保密。

担任辩护人或者诉讼代理人的律师应当保守在执业活动中知悉的国家秘密、商业秘密和个人隐私。

《出口管制法》（2020）

第 29 条第 3 款 有关国家机关及其工作人员对调查中知悉的国家秘密、商业秘密、个人隐私和个人信息依法负有保密义务。

《关于设立海南自由贸易港知识产权法院的决定》（2020）

二、海南自由贸易港知识产权法院管辖以下案件：

（一）海南省有关专利、技术秘密、计算机软件、植物新品种、集成电路布图设计、涉及驰名商标认定及垄断纠纷等专业性、技术性较强的第一审知识产权民事、行政案件；

……

《海警法》（2021）

第74条 海警机构工作人员在执行职务中，有下列行为之一，按照中央军事委员会的有关规定给予处分：

（一）泄露国家秘密、商业秘密和个人隐私的；

……

《数据安全法》（2021）

第38条 国家机关为履行法定职责的需要收集、使用数据，应当在其履行法定职责的范围内依照法律、行政法规规定的条件和程序进行；对在履行职责中知悉的个人隐私、个人信息、商业秘密、保密商务信息等数据应当依法予以保密，不得泄露或者非法向他人提供。

《法律援助法》（2021）

第21条 法律援助机构、法律援助人员对提供法律援助过程中知悉的国家秘密、商业秘密和个人隐私应当予以保密。

第63条 律师、基层法律服务工作者有下列情形之一的，由司法行政部门依法给予处罚：

……

（四）泄露法律援助过程中知悉的国家秘密、商业秘密和个人隐私；

……

《反有组织犯罪法》（2021）

第74条 有关部门和单位、个人应当对在反有组织犯罪工作过程中知悉的国家秘密、商业秘密和个人隐私予以保密。违反规定泄露国家秘密、商业秘密和个人隐私的，依法追究法律责任。

《期货和衍生品法》（2022）

第13条 期货交易和衍生品交易的内幕信息的知情人和非法获取内幕信息的人，在内幕信息公开前不得从事相关期货交易或者衍生品交易，明示、暗示他人从事与内幕信息有关的期货交易或者衍生品交易，或者泄露内幕信息。

第14条 本法所称内幕信息，是指可能对期货交易或者衍生品交易的交易价格产生重大影响的尚未公开的信息。

期货交易的内幕信息包括：

（一）国务院期货监督管理机构以及其他相关部门正在制定或者尚未发布的对期货交易价格可能产生重大影响的政策、信息或者数据；

（二）期货交易场所、期货结算机构作出的可能对期货交易价格产生重大影响的决定；

（三）期货交易场所会员、交易者的资金和交易动向；

（四）相关市场中的重大异常交易信息；

（五）国务院期货监督管理机构规定的对期货交易价格有重大影响的其他信息。

第15条　本法所称内幕信息的知情人，是指由于经营地位、管理地位、监督地位或者职务便利等，能够接触或者获得内幕信息的单位和个人。

期货交易的内幕信息的知情人包括：

（一）期货经营机构、期货交易场所、期货结算机构、期货服务机构的有关人员；

（二）国务院期货监督管理机构和其他有关部门的工作人员；

（三）国务院期货监督管理机构规定的可以获取

内幕信息的其他单位和个人。

第 55 条第 2 款 期货经营机构、期货交易场所、期货结算机构、期货服务机构及其工作人员不得泄露所知悉的商业秘密。

第 100 条第 2 款 交割库不得有下列行为：

……

（三）泄露与期货交易有关的商业秘密；

……

第 152 条 国务院期货监督管理机构或者国务院授权的部门的工作人员，不履行本法规定的职责，滥用职权、玩忽职守，利用职务便利牟取不正当利益，或者泄露所知悉的有关单位和个人的商业秘密的，依法追究法律责任。

《反电信网络诈骗法》（2022）

第 5 条第 2 款 有关部门和单位、个人应当对在反电信网络诈骗工作过程中知悉的国家秘密、商业秘密和个人隐私、个人信息予以保密。

国务院

《专利代理条例》（1991、2018）

第 17 条 专利代理机构和专利代理师对其在执

业过程中了解的发明创造的内容，除专利申请已经公布或者公告的以外，负有保守秘密的义务。

第25条　专利代理机构有下列行为之一的，由省、自治区、直辖市人民政府管理专利工作的部门责令限期改正，予以警告，可以处10万元以下的罚款；情节严重或者逾期未改正的，由国务院专利行政部门责令停止承接新的专利代理业务6个月至12个月，直至吊销专利代理机构执业许可证：

……

（四）泄露委托人的发明创造内容，或者以自己的名义申请专利或请求宣告专利权无效；

……

专业代理机构在执业过程中泄露委托人的发明创造内容，涉及泄露国家秘密、侵犯商业秘密的，或者向有关行政、司法机关的工作人员行贿，提供虚假证据的，依照有关法律、行政法规的规定承担法律责任；由国务院专利行政部门吊销专利代理机构执业许可证。

第26条　专利代理师有下列行为之一的，由省、自治区、直辖市人民政府管理专利工作的部门责令限期改正，予以警告，可以处5万元以下的罚款；情节严重或者逾期未改正的，由国务院专利行政部门责令停止承办新的专利代理业务6个月至12个月，直至吊销专利代理师资格证：

……

（五）泄露委托人的发明创造内容，或者以自己的名义申请专利或请求宣告专利权无效。

专利代理师在执业过程中泄露委托人的发明创造内容，涉及泄露国家秘密、侵犯商业秘密的，或者向有关行政、司法机关的工作人员行贿，提供虚假证据的，依照有关法律、行政法规的规定承担法律责任；由国务院专利行政部门吊销专利代理师资格证。

《股票发行与交易管理暂行条例》（1993）

第64条 证监会应当将上市公司及其董事、监事、高级管理人员和持有公司百分之五以上的发行在外的普通股的股东所提交的报告、公告及其他文件及时向社会公开，供投资人查阅。

证监会要求披露的全部信息均为公开信息，但是下列信息除外：

（一）法律、法规予以保护并允许不予披露的商业秘密；

……

第72条第1款 内幕人员和以不正当手段获取内幕信息的其他人员违反本条例规定，泄露内幕信息、根据内幕信息买卖股票或者向他人提出买卖股票的建议的，根据不同情况，没收非法获取的股票和其他非法所得，并处以五万元以上五十万元以下的罚款。

《海关稽查条例》（1997、2022）

第 4 条　海关根据稽查工作需要，可以向有关行业协会、政府部门和相关企业等收集特定商品、行业与进出口活动有关的信息。收集的信息涉及商业秘密的，海关应当予以保密。

第 5 条　海关和海关工作人员执行海关稽查职务，应当客观公正，实事求是，廉洁奉公，保守被稽查人的商业秘密，不得侵犯被稽查人的合法权益。

《植物新品种保护条例》（1997、2014）

第 14 条　授予品种权的植物新品种应当具备新颖性。新颖性，是指申请品种权的植物新品种在申请日前该品种繁殖材料未被销售，或者经育种者许可，在中国境内销售该品种繁殖材料未超过 1 年；在中国境外销售藤本植物、林木、果树和观赏树木品种繁殖材料未超过 6 年，销售其他植物品种繁殖材料未超过 4 年。

第 27 条　申请人缴纳申请费后，审批机关对品种权申请的下列内容进行初步审查：

……

（三）是否符合新颖性的规定；

……

《中国人民银行货币政策委员会条例》（1997）

第18条 货币政策委员会委员应当保守国家秘密、商业秘密，遵守货币政策委员会的工作制度，不得违反规定透露货币政策及有关情况。

货币政策委员会委员违反规定泄露国家秘密、商业秘密的，撤销货币政策委员会委员的职务，并依法追究法律责任。

《传统工艺美术保护条例》（1997、2013）

第17条 制作传统工艺美术产品的企业应当建立、健全传统工艺美术技艺的保护或者保密制度，切实加强对传统工艺美术技艺的管理。

从事传统工艺美术产品制作的人员，应当遵守国家有关法律、法规的规定，不得泄露在制作传统工艺美术产品过程中知悉的技术秘密和其他商业秘密。

第19条第1款 违反本条例规定，有下列行为之一的，由有关部门依照有关法律、行政法规的规定，给予行政处分或者行政处罚；构成犯罪的，依法追究刑事责任：

（一）窃取或者泄露传统工艺美术技艺秘密的；

……

《审计法实施条例》（1997、2010）

第55条第1款 审计人员滥用职权、徇私舞弊、玩忽职守，或者泄露所知悉的国家秘密、商业秘密的，依法给予处分；构成犯罪的，依法追究刑事责任。

《军品出口管理条例》（1997、2002）

第11条 军品贸易公司应当按照国家军品出口主管部门的规定，如实提交与其军品出口经营活动有关的文件及资料。国家军品出口主管部门应当为军品贸易公司保守商业秘密，维护军品贸易公司的合法权益。

《医疗器械监督管理条例》（2000、2021）

第70条第2款 进行监督检查，应当出示执法证件，保守被检查单位的商业秘密。

《国有重点金融机构监事会暂行条例》（2000）

第22条 监事会成员必须对检查报告内容保密，并不得泄露国有金融机构的商业秘密。

《集成电路布图设计保护条例》（2001）

第21条 在布图设计登记公告前，国务院知识产权行政部门的工作人员对其内容负有保密义务。

《专利法实施细则》（2001、2010）

第7条第2款 国务院专利行政部门认为其受理的发明或者实用新型专利申请涉及国防利益以外的国家安全或者重大利益需要保密的，应当及时作出按照保密专利申请处理的决定，并通知申请人。保密专利申请的审查、复审以及保密专利权无效宣告的特殊程序，由国务院专利行政部门规定。

第12条第2款 专利法第六条所称本单位，包括临时工作单位；专利法第六条所称本单位的物质技术条件，是指本单位的资金、设备、零部件、原材料或者不对外公开的技术资料等。

第55条 保密专利申请经审查没有发现驳回理由的，国务院专利行政部门应当作出授予保密专利权的决定，颁发保密专利证书，登记保密专利权的有关事项。

第90条 国务院专利行政部门定期出版专利公报，公布或者公告下列内容：

……

（六）国防专利、保密专利的解密；

……

《技术进出口管理条例》（2001、2020）

第2条第2款 前款规定的行为包括专利权转

让、专利申请权转让、专利实施许可、技术秘密转让、技术服务和其他方式的技术转移。

第 22 条　国务院外经贸主管部门和有关部门及其工作人员在履行技术进口管理职责中，对所知悉的商业秘密负有保密义务。

第 25 条　技术进口合同的受让人、让与人应当在合同约定的保密范围和保密期限内，对让与人提供的技术中尚未公开的秘密部分承担保密义务。

在保密期限内，承担保密义务的一方在保密技术非因自己的原因被公开后，其承担的保密义务即予终止。

第 41 条　国务院外经贸主管部门和有关部门及其工作人员在履行技术出口管理职责中，对国家秘密和所知悉的商业秘密负有保密义务。

第 48 条　技术进出口管理工作人员违反本条例的规定，泄露国家秘密或者所知悉的商业秘密的，依照刑法关于泄露国家秘密罪或者侵犯商业秘密罪的规定，依法追究刑事责任；尚不够刑事处罚的，依法给予行政处分。

《金融机构撤销条例》（2001）

第 36 条　中国人民银行工作人员及其他有关人员在依照本条例履行职责中，泄露国家秘密或者所知悉的商业秘密的，依照刑法关于泄露国家秘密罪、侵犯商业秘密罪或者其他罪的规定，依法追究刑事责任；尚不够刑事处罚的，给予降级直至开除的行政处分或者纪律处分。

《计算机软件保护条例》（2001、2013）

第 8 条　软件著作权人享有下列各项权利：

（一）发表权，即决定软件是否公之于众的权利；

……

第 13 条　自然人在法人或者其他组织中任职期间所开发的软件有下列情形之一的，该软件著作权由该法人或者其他组织享有，该法人或者其他组织可以对开发软件的自然人进行奖励：

……

（三）主要使用了法人或者其他组织的资金、专用设备、未公开的专门信息等物质技术条件所开发并由法人或者其他组织承担责任的软件。

第 17 条　为了学习和研究软件内含的设计思想和原理，通过安装、显示、传输或者存储软件等方式使用软件的，可以不经软件著作权人许可，不向其支付报酬。

《外国律师事务所驻华代表机构管理条例》（2001）

第 17 条　代表机构及其代表在执业活动中，不得有下列行为：

……

（三）泄露当事人的商业秘密或者个人隐私。

第 27 条　代表机构或者代表有下列情形之一的，由省、自治区、直辖市人民政府司法行政部门给予警告，没收违法所得；情节严重的，责令限期停业，并处 2 万元以上 10 万元以下的罚款：

……

（二）泄露当事人的商业秘密或者个人隐私的；

……

《国际海运条例》（2001、2023）

第 28 条第 2 款　调查人员进行调查，应当保守被调查人以及与其有业务往来的单位和个人的商业秘密。

《药品管理法实施条例》（2002、2019）

第 34 条第 1 款　国家对获得生产或者销售含有新型化学成份药品许可的生产者或者销售者提交的自行取得且未披露的试验数据和其他数据实施保护，任何人不得对该未披露的试验数据和其他数据进行不正当的商业利用。

第67条 药品监督管理部门及其工作人员违反规定，泄露生产者、销售者为获得生产、销售含有新型化学成份药品许可而提交的未披露试验数据或者其他数据，造成申请人损失的，由药品监督管理部门依法承担赔偿责任；药品监督管理部门赔偿损失后，应当责令故意或者有重大过失的工作人员承担部分或者全部赔偿费用，并对直接责任人员依法给予行政处分。

《税收征收管理法实施细则》（2002、2016）

第5条 税收征管法第八条所称为纳税人、扣缴义务人保密的情况，是指纳税人、扣缴义务人的商业秘密及个人隐私。纳税人、扣缴义务人的税收违法行为不属于保密范围。

《特种设备安全监察条例》（2003、2009）

第45条第2款 特种设备检验检测机构和检验检测人员对涉及的被检验检测单位的商业秘密，负有保密义务。

《认证认可条例》（2003、2023）

第8条 从事认证认可活动的机构及其人员，对其所知悉的国家秘密和商业秘密负有保密义务。

《进出口关税条例》（2003、2017）

第 7 条　纳税义务人有权要求海关对其商业秘密予以保密，海关应当依法为纳税义务人保密。

《知识产权海关保护条例》（2003、2018）

第 6 条　海关实施知识产权保护时，应当保守有关当事人的商业秘密。

《道路运输条例》（2004、2023）

第 60 条第 1 款　县级以上人民政府交通运输主管部门的工作人员实施监督检查时，可以向有关单位和个人了解情况，查阅、复制有关资料。但是，应当保守被调查单位和个人的商业秘密。

《粮食流通管理条例》（2004、2021）

第 23 条第 1 款　所有从事粮食收购、销售、储存、加工的经营者以及饲料、工业用粮企业，应当建立粮食经营台账，并向所在地的县级人民政府粮食和储备行政管理部门报送粮食购进、销售、储存等基本数据和有关情况。粮食经营台账的保存期限不得少于 3 年。粮食经营者报送的基本数据和有关情况涉及商业秘密的，粮食和储备行政管理部门负有保密义务。

《进出口货物原产地条例》（2004、2019）

第25条　确定进出口货物原产地的工作人员违反本条例规定的程序确定原产地的，或者泄露所知悉的商业秘密的，或者滥用职权、玩忽职守、徇私舞弊的，依法给予行政处分；有违法所得的，没收违法所得；构成犯罪的，依法追究刑事责任。

《全国经济普查条例》（2004、2018）

第32条　各级经济普查机构及其工作人员对在经济普查中所知悉的国家秘密和经济普查对象的商业秘密、个人信息，应当依法履行保密义务。

《国防专利条例》（2004）

第12条第1、2款　授予国防专利权的发明，应当具备新颖性、创造性和实用性。

新颖性，是指在申请日之前没有同样的发明在国外出版物上公开发表过、在国内出版物上发表过、在国内使用过或者以其他方式为公众所知，也没有同样的发明由他人提出过申请并在申请日以后获得国防专利权。

第13条第1款　申请国防专利的发明在申请日之前6个月内，有下列情形之一的，不丧失新颖性：

（一）在国务院有关主管部门、中国人民解放军有关主管部门举办的内部展览会上首次展出的；

（二）在国务院有关主管部门、中国人民解放军有关主管部门召开的内部学术会议或者技术会议上首次发表的；

（三）他人未经国防专利申请人同意而泄露其内容的。

（该条例由国务院、中央军委共同发布）

《海关行政处罚实施条例》（2004、2022）

第34条第4款　调查、收集的证据涉及国家秘密、商业秘密或者个人隐私的，海关应当保守秘密。

《著作权集体管理条例》（2004、2013）

第27条第2款　使用者提供的有关使用情况涉及该使用者商业秘密的，著作权集体管理组织负有保密义务。

《工业产品生产许可证管理条例》（2005、2023）

第8条　县级以上工业产品生产许可证主管部门及其人员、检验机构和检验人员，对所知悉的国家秘密和商业秘密负有保密义务。

《海关统计条例》（2005、2022）

第18条　海关统计人员对在统计过程中知悉的国家秘密、商业秘密负有保密义务。

《地方志工作条例》(2006)

第11条第1款　县级以上地方人民政府负责地方志工作的机构可以向机关、社会团体、企业事业单位、其他组织以及个人征集有关地方志资料，有关单位和个人应当提供支持。负责地方志工作的机构可以对有关资料进行查阅、摘抄、复制，但涉及国家秘密、商业秘密和个人隐私以及不符合档案开放条件的除外。

《商业特许经营管理条例》(2007)

第3条第1款　本条例所称商业特许经营（以下简称特许经营），是指拥有注册商标、企业标志、专利、专有技术等经营资源的企业（以下称特许人），以合同形式将其拥有的经营资源许可其他经营者（以下称被特许人）使用，被特许人按照合同约定在统一的经营模式下开展经营，并向特许人支付特许经营费用的经营活动。

第18条第2款　被特许人不得向他人泄露或者允许他人使用其所掌握的特许人的商业秘密。

第22条　特许人应当向被特许人提供以下信息：

……

（二）特许人的注册商标、企业标志、专利、专有技术和经营模式的基本情况；

……

《期货交易管理条例》（2007、2017）

第35条第2款 交割仓库由期货交易所指定。期货交易所不得限制实物交割总量，并应当与交割仓库签订协议，明确双方的权利和义务。交割仓库不得有下列行为：

……

（三）泄露与期货交易有关的商业秘密；

……

第63条 国务院期货监督管理机构、期货交易所、期货保证金安全存管监控机构和期货保证金存管银行等相关单位的工作人员，应当忠于职守，依法办事，公正廉洁，保守国家秘密和有关当事人的商业秘密，不得利用职务便利牟取不正当的利益。

第69条第1款 期货交易内幕信息的知情人或者非法获取期货交易内幕信息的人，在对期货交易价格有重大影响的信息尚未公开前，利用内幕信息从事期货交易，或者向他人泄露内幕信息，使他人利用内幕信息进行期货交易的，没收违法所得，并处违法所得1倍以上5倍以下的罚款；没有违法所得或者违法所得不满10万元的，处10万元以上50

万元以下的罚款。单位从事内幕交易的，还应当对直接负责的主管人员和其他直接责任人员给予警告，并处3万元以上30万元以下的罚款。

第78条 国务院期货监督管理机构、期货交易所、期货保证金安全存管监控机构和期货保证金存管银行等相关单位的工作人员，泄露知悉的国家秘密或者会员、客户商业秘密，或者徇私舞弊、玩忽职守、滥用职权、收受贿赂的，依法给予行政处分或者纪律处分。

《政府信息公开条例》（2007、2019）

第15条 涉及商业秘密、个人隐私等公开会对第三方合法权益造成损害的政府信息，行政机关不得公开。但是，第三方同意公开或者行政机关认为不公开会对公共利益造成重大影响的，予以公开。

《船员条例》（2007、2023）

第45条第2款 海事管理机构实施监督检查，可以询问当事人，向有关单位或者个人了解情况，查阅、复制有关资料，并保守被调查单位或者个人的商业秘密。

《行政机关公务员处分条例》（2007）

第26条 泄露国家秘密、工作秘密，或者泄露因履行职责掌握的商业秘密、个人隐私，造成不良后果的，给予警告、记过或者记大过处分；情节较重的，给予降级或者撤职处分；情节严重的，给予开除处分。

《全国污染源普查条例》（2007、2019）

第32条第2款 污染源普查领导小组办公室、普查人员对在污染源普查中知悉的普查对象的商业秘密，负有保密义务。

《放射性物品运输安全管理条例》（2009）

第45条第2款 国务院核安全监管部门和省、自治区、直辖市人民政府环境保护主管部门以及其他依法履行放射性物品运输安全监督管理职责的部门的工作人员，对监督检查中知悉的商业秘密负有保密义务。

《保安服务管理条例》（2009、2022）

第26条第1款 保安从业单位对保安服务中获知的国家秘密、商业秘密以及客户单位明确要求保密的信息，应当予以保密。

《消耗臭氧层物质管理条例》（2010、2018）

第27条第2款 县级以上人民政府环境保护主管部门和其他有关部门的工作人员，对监督检查中知悉的商业秘密负有保密义务。

《军工关键设备设施管理条例》（2011）

第6条 占有、使用军工关键设备设施的企业、事业单位（以下简称企业、事业单位）及其工作人员，负责军工关键设备设施管理的部门、单位及其工作人员，对知悉的国家秘密和商业秘密负有保密义务。

《招标投标法实施条例》（2011、2019）

第9条第1款 除招标投标法第六十六条规定的可以不进行招标的特殊情况外，有下列情形之一的，可以不进行招标：

（一）需要采用不可替代的专利或者专有技术；

……

第62条第2款 行政监督部门的工作人员对监督检查过程中知悉的国家秘密、商业秘密，应当依法予以保密。

《缺陷汽车产品召回管理条例》（2012、2019）

第7条 产品质量监督部门和有关部门、机构及其工作人员对履行本条例规定职责所知悉的商业秘密和个人信息，不得泄露。

第25条 违反本条例规定，从事缺陷汽车产品召回监督管理工作的人员有下列行为之一的，依法给予处分：

……

（二）泄露当事人商业秘密或者个人信息；

……

《征信业管理条例》（2013）

第3条 从事征信业务及相关活动，应当遵守法律法规，诚实守信，不得危害国家秘密，不得侵犯商业秘密和个人隐私。

《企业信息公示暂行条例》（2014）

第3条 企业信息公示应当真实、及时。公示的企业信息涉及国家秘密、国家安全或者社会公共利益的，应当报请主管的保密行政管理部门或者国家安全机关批准。县级以上地方人民政府有关部门公示的企业信息涉及企业商业秘密或者个人隐私的，应当报请上级主管部门批准。

《存款保险条例》（2014）

第20条第2款 存款保险基金管理机构的工作人员滥用职权、玩忽职守、泄露国家秘密或者所知悉的商业秘密的，依法给予处分；构成犯罪的，依法追究刑事责任。

《政府采购法实施条例》（2014）

第27条 政府采购法第三十一条第一项规定的情形，是指因货物或者服务使用不可替代的专利、专有技术，或者公共服务项目具有特殊要求，导致只能从某一特定供应商处采购。

第40条第1款 政府采购评审专家应当遵守评审工作纪律，不得泄露评审文件、评审情况和评审中获悉的商业秘密。

《地图管理条例》（2015）

第39条 互联网地图服务单位对在工作中获取的涉及国家秘密、商业秘密的信息，应当保密。

《全国社会保障基金条例》（2016）

第16条 全国社会保障基金投资管理人、托管人不得有下列行为：

……

（二）泄露因职务便利获取的全国社会保障基金未公开的信息，利用该信息从事或者明示、暗示他人从事相关交易活动；

……

《融资担保公司监督管理条例》（2017）

第35条 监督管理部门及其工作人员对监督管

理工作中知悉的商业秘密，应当予以保密。

《人力资源市场暂行条例》(2018)

第29条第2款　人力资源服务机构在业务活动中收集用人单位和个人信息的，不得泄露或者违法使用所知悉的商业秘密和个人信息。

第34条第2款　人力资源社会保障行政部门实施监督检查时，监督检查人员不得少于2人，应当出示执法证件，并对被检查单位的商业秘密予以保密。

《重大行政决策程序暂行条例》(2019)

第19条　对专业性、技术性较强的决策事项，决策承办单位应当组织专家、专业机构论证其必要性、可行性、科学性等，并提供必要保障。

专家、专业机构应当独立开展论证工作，客观、公正、科学地提出论证意见，并对所知悉的国家秘密、商业秘密、个人隐私依法履行保密义务；提供书面论证意见的，应当署名、盖章。

《国务院关于在线政务服务的若干规定》(2019)

第14条　政务服务机构及其工作人员泄露、出售或者非法向他人提供履行职责过程中知悉的个人信息、隐私和商业秘密，或者不依法履行职责，玩忽职守、滥用职权、徇私舞弊的，依法追究法律责任。

《优化营商环境条例》（2019）

第30条 国家加强社会信用体系建设，持续推进政务诚信、商务诚信、社会诚信和司法公信建设，提高全社会诚信意识和信用水平，维护信用信息安全，严格保护商业秘密和个人隐私。

《外商投资法实施条例》（2019）

第25条 行政机关依法履行职责，确需外国投资者、外商投资企业提供涉及商业秘密的材料、信息的，应当限定在履行职责所必需的范围内，并严格控制知悉范围，与履行职责无关的人员不得接触有关材料、信息。

行政机关应当建立健全内部管理制度，采取有效措施保护履行职责过程中知悉的外国投资者、外商投资企业的商业秘密；依法需要与其他行政机关共享信息的，应当对信息中含有的商业秘密进行保密处理，防止泄露。

《政府督查工作条例》（2019）

第24条 政府督查机构及督查人员违反本条例规定，滥用职权、徇私舞弊、玩忽职守的，泄露督查过程中所知悉的国家秘密、商业秘密、个人隐私的，或者违反廉政规定的，对负有责任的领导人员和直接责任人员依法依规给予处理；构成犯罪的，依法追究刑事责任。

《化妆品监督管理条例》（2020）

第47条第1款　负责药品监督管理的部门对化妆品生产经营进行监督检查时，监督检查人员不得少于2人，并应当出示执法证件。监督检查人员对监督检查中知悉的被检查单位的商业秘密，应当依法予以保密。被检查单位对监督检查应当予以配合，不得隐瞒有关情况。

《排污许可管理条例》（2020）

第7条第2款　排污许可证申请表应当包括下列事项：

……

（五）主要生产设施、主要产品及产能、主要原辅材料、产生和排放污染物环节等信息，及其是否涉及商业秘密等不宜公开情形的情况说明。

《医疗保障基金使用监督管理条例》（2020）

第32条　医疗保障等行政部门、医疗保障经办机构、会计师事务所等机构及其工作人员，不得将工作中获取、知悉的被调查对象资料或者相关信息用于医疗保障基金使用监督管理以外的其他目的，不得泄露、篡改、毁损、非法向他人提供当事人的个人信息和商业秘密。

《证券期货行政执法当事人承诺制度实施办法》（2021）

第13条第1款 国务院证券监督管理机构经与当事人沟通协商，认可当事人作出的承诺的，应当与当事人签署承诺认可协议。承诺认可协议应当载明下列事项：

……

（六）保障当事人商业秘密、个人隐私等权利的措施；

……

《促进个体工商户发展条例》（2022）

第26条第1款 国家加大对个体工商户的字号、商标、专利、商业秘密等权利的保护力度。

国家监察委

《监察法实施条例》（2021）

第157条第1款 调查人员对采取技术调查措施过程中知悉的国家秘密、商业秘密、个人隐私，应当严格保密。

人民法院

A

法官在审理具体案件时，依职权对有关的法律条文进行解释。这些解释随着裁判文书生效而具有法律上的约束力。涉及商业秘密保护的个案法律解释非常多，以下为几例。

最高人民法院（2011）民监字第414号

当事人基于其工作职责完全具备掌握商业秘密信息的可能和条件，为他人生产与该商业秘密信息有关的产品，且不能举证证明该产品系独立研发，根据案件具体情况及日常生活经验，可以推定该当事人非法披露了其掌握的商业秘密。[最高人民法院知识产权审判庭编：《最高人民法院知识产权案件年度报告》（2008～2015）（中英文版），中国法制出版社2017年版，第386页。]

最高人民法院（2020）最高法知民终621号

技术秘密许可合同约定的保密期限届满，除非另有明确约定，一般仅意味着被许可人的约定保密义务终止，但其仍需承担侵权法上普遍的消极不作为义务和基于诚实信用原则的后合同附随保密义务。(《人民法院报》2022 年 3 月 1 日第 4 版、2022 年 11 月 18 日第 4 版。)

山东省高级人民法院（2008）鲁民三终字第 83 号

……对口出口海带的贸易机会并非商业秘密，马某获取该贸易机会也不涉及对商业秘密的侵害。在既没有违反竞业禁止义务，又没有侵犯商业秘密的情况下，马某运用自己在原用人单位学习的知识、技能为……公司服务，既没有违反诚实信用原则，也没有违反公认的商业道德，不属于反不正当竞争法直接规定的不正当竞争行为。[该案一审为青岛市中级人民法院（2007）青民三初字第 136 号，被撤销；再审为最高人民法院（2009）民申字第 1065 号，维持原判。《最高人民法院公报》2011 年第 10 期。]

北京市第二中级人民法院（1998）二中知初字第 86 号

虽然合同中未就市场调查结果之“买断”进行约定，调查公司亦应对涉及客户利益的信息予以保密，如要公开需经客户的同意，即在此情形下法律并不禁止调查公司提供相同领域的调查服务，但不得擅自公开相关的秘密信息。

上海市普陀区人民法院（2018）沪 0107 刑初 1289 号

权利人可以同时采取专利形式或商业秘密形式对其技术信息进行分类保护，即便权利人对部分技术信息以专利形式进行了公开，但并不影响其他信息仍可具秘密性，而产品的上市亦不等同于其载有的技术信息被当然公开……恩某某公司通过与关联公司签订许可协议并支付对价的方式，获取涉案技术信息并用于产品开发、报价，足以证明恩某某公司系刑法意义上商业秘密的权利人……

B

传统上最高人民法院根据司法需要对法律做出解释，这些解释对案件审判具有事实上的效力。《立法法》（2000、2023）第 119 条对此有所规范。

法释〔2001〕33 号、法释〔2019〕19 号（2019）第 47 条第 2 款 前款所列书证，涉及国家秘密、商业秘密、当事人或第三人的隐私，或者存在法律规定应当保密的情形的，提交后不得公开质证。

法释〔2002〕21号

第18条 证据涉及国家秘密、商业秘密或者个人隐私的，提供人应当作出明确标注，并向法庭说明，法庭予以审查确认。

第23条第1款 原告或者第三人不能自行收集，但能够提供确切线索的，可以申请人民法院调取下列证据材料：

……

（二）涉及国家秘密、商业秘密、个人隐私的证据材料；

……

第37条 涉及国家秘密、商业秘密和个人隐私或者法律规定的其他应当保密的证据，不得在开庭时公开质证。

法释〔2002〕39号、法释〔2020〕20号（2020）

第8条 查阅案件材料中涉及国家秘密、商业秘密和个人隐私的，诉讼代理人应当保密。

法释〔2003〕15号、法释〔2020〕20号（2020）

第32条 适用简易程序审理的民事案件，有下列情形之一的，人民法院在制作裁判文书时对认定事实或者判决理由部分可以适当简化：

……

（四）涉及自然人的隐私、个人信息，或者商业秘密的案件，当事人一方要求简化裁判文书中的相关内容，人民法院认为理由正当的；

……

法释〔2004〕15号、法释〔2020〕21号（2020）

第3条　人民法院对被执行人的下列财产不得查封、扣押、冻结：

……

（四）未公开的发明或者未发表的著作；

……

法释〔2004〕20号、法释〔2020〕19号（2020）

第1条　技术成果，是指利用科学技术知识、信息和经验作出的涉及产品、工艺、材料及其改进等的技术方案，包括专利、专利申请、技术秘密、计算机软件、集成电路布图设计、植物新品种等。

技术秘密，是指不为公众所知悉、具有商业价值并经权利人采取相应保密措施的技术信息。

第3条　民法典第八百四十七条第二款所称"物质技术条件"，包括资金、设备、器材、原材料、未公开的技术信息和资料等。

第4条　民法典第八百四十七条第二款所称"主要是利用法人或者非法人组织的物质技术条件"，

包括职工在技术成果的研究开发过程中，全部或者大部分利用了法人或者非法人组织的资金、设备、器材或者原材料等物质条件，并且这些物质条件对形成该技术成果具有实质性的影响；还包括该技术成果实质性内容是在法人或者非法人组织尚未公开的技术成果、阶段性技术成果基础上完成的情形。但下列情况除外：

（一）对利用法人或者非法人组织提供的物质技术条件，约定返还资金或者交纳使用费的；

（二）在技术成果完成后利用法人或者非法人组织的物质技术条件对技术方案进行验证、测试的。

第12条 根据民法典第八百五十条的规定，侵害他人技术秘密的技术合同被确认无效后，除法律、行政法规另有规定的以外，善意取得该技术秘密的一方当事人可以在其取得时的范围内继续使用该技术秘密，但应当向权利人支付合理的使用费并承担保密义务。

当事人双方恶意串通或者一方知道或者应当知道另一方侵权仍与其订立或者履行合同的，属于共同侵权，人民法院应当判令侵权人承担连带赔偿责任和保密义务，因此取得技术秘密的当事人不得继续使用该技术秘密。

第13条 依照前条第一款规定可以继续使用技术秘密的人与权利人就使用费支付发生纠纷的，当事人任何一方都可以请求人民法院予以处理。继续使用技术秘密但又拒不支付使用费的，人民法院可以根据权利人的请求判令使用人停止使用。

人民法院在确定使用费时，可以根据权利人通常对外许可该技术秘密的使用费或者使用人取得该技术秘密所支付的使用费，并考虑该技术秘密的研究开发成本、成果转化和应用程度以及使用人的使用规模、经济效益等因素合理确定。

不论使用人是否继续使用技术秘密，人民法院均应当判令其向权利人支付已使用期间的使用费。使用人已向无效合同的让与人或者许可人支付的使用费应当由让与人或者许可人负责返还。

第20条 民法典第八百六十一条所称“当事人均有使用和转让的权利”，包括当事人均有不经对方同意而自己使用或者以普通使用许可的方式许可他人使用技术秘密，并独占由此所获利益的权利。当事人一方将技术秘密成果的转让权让与他人，或者以独占或者排他使用许可的方式许可他人使用技术秘密，未经对方当事人同意或者追认的，应当认定该让与或者许可行为无效。

第21条 技术开发合同当事人依照民法典的规定或者约定自行实施专利或使用技术秘密，但因其不具备独立实施专利或者使用技术秘密的条件，以一个普通许可方式许可他人实施或者使用的，可以准许。

第22条第1、2款 就尚待研究开发的技术成果或者不涉及专利、专利申请或者技术秘密的知识、技术、经验和信息所订立的合同，不属于民法典第八百六十二条规定的技术转让合同或者技术许可合同。

技术转让合同中关于让与人向受让人提供实施技术的专用设备、原材料或者提供有关的技术咨询、技术服务的约定，属于技术转让合同的组成部分。因此发生的纠纷，按照技术转让合同处理。

第23条第2款 专利申请因专利申请权转让合同成立时即存在尚未公开的同样发明创造的在先专利申请被驳回，当事人依据民法典第五百六十三条第一款第（四）项的规定请求解除合同的，人民法院应当予以支持。

第24条第2款 让与人与受让人订立的专利权、专利申请权转让合同，不影响在合同成立前让与人与他人订立的相关专利实施许可合同或者技术秘密转让合同的效力。

第25条第3款 技术秘密的许可使用方式，参照本条第一、二款的规定确定。

第28条 民法典第八百六十四条所称“实施专利或者使用技术秘密的范围”，包括实施专利或者使用技术秘密的期限、地域、方式以及接触技术秘密的人员等。

当事人对实施专利或者使用技术秘密的期限没有约定或者约定不明确的，受让人、被许可人实施专利或者使用技术秘密不受期限限制。

第29条第1款 当事人之间就申请专利的技术成果所订立的许可使用合同，专利申请公开以前，适用技术秘密许可合同的有关规定；发明专利申请公开以后、授权以前，参照适用专利实施许可合同的有关规定；授权以后，原合同即为专利实施许可合同，适用专利实施许可合同的有关规定。

第31条 当事人对技术咨询合同委托人提供的技术资料和数据或者受托人提出的咨询报告和意见未约定保密义务，当事人一方引用、发表或者向第三人提供的，不认定为违约行为，但侵害对方当事人对此享有的合法权益的，应当依法承担民事责任。

法释〔2011〕17号

第1条第1款 公民、法人或者其他组织认为下列政府信息公开工作中的具体行政行为侵犯其合法权益，依法提起行政诉讼的，人民法院应当受理：

……

（三）认为行政机关主动公开或者依他人申请公开政府信息侵犯其商业秘密、个人隐私的；

……

法释〔2012〕5号、法释〔2020〕19号（2020）

第11条 证据涉及国家秘密、商业秘密、个人隐私或者其他依法应当保密的内容的，人民法院可以依职权或者当事人的申请采取不公开开庭、限制或者禁止复制、仅对代理律师展示、责令签署保密承诺书等保护措施。

法释〔2013〕27号

第9条第1款 赔偿请求人可以在举证期限内申请赔偿委员会调取下列证据：

……

（二）涉及国家秘密、商业秘密、个人隐私的证据；

……

法释〔2014〕6号、法释〔2020〕20号（2020）

第4条　当事人、公证事项的利害关系人提供证据证明公证机构及其公证员在公证活动中具有下列情形之一的，人民法院应当认定公证机构有过错：

……

（三）泄露在执业活动中知悉的商业秘密或者个人隐私的；

……

法释〔2014〕12号、法释〔2020〕19号（2020）

第1条　知识产权法院管辖所在市辖区内的下列第一审案件：

（一）专利、植物新品种、集成电路布图设计、技术秘密、计算机软件民事和行政案件；

……

法释〔2015〕5号、法释〔2022〕11号（2022）

第94条第1款　民事诉讼法第六十七条第二款规定的当事人及其诉讼代理人因客观原因不能自行收集的证据包括：

……

（二）涉及国家秘密、商业秘密或者个人隐私的；

……

第103条第3款 涉及国家秘密、商业秘密、个人隐私或者法律规定应当保密的证据，不得公开质证。

第146条第3款 主持调解以及参与调解的人员，对调解过程以及调解过程中获悉的国家秘密、商业秘密、个人隐私和其他不宜公开的信息，应当保守秘密，但为保护国家利益、社会公共利益、他人合法权益的除外。

第220条 民事诉讼法第七十一条、第一百三十七条、第一百五十九条规定的商业秘密，是指生产工艺、配方、贸易联系、购销渠道等当事人不愿公开的技术秘密、商业情报及信息。

第255条 对于查阅判决书、裁定书的申请，人民法院根据下列情形分别处理：

……

（五）申请查阅的内容涉及国家秘密、商业秘密、个人隐私的，不予准许并告知申请人。

第270条 适用简易程序审理的案件，有下列情形之一的，人民法院在制作判决书、裁定书、调解书时，对认定事实或者裁判理由部分可以适当简化：

……

（三）涉及商业秘密、个人隐私的案件，当事人一方要求简化裁判文书中的相关内容，人民法院认为理由正当的；

……

法释〔2017〕8号、法释〔2020〕21号（2020）

第25条 执行人员不得调查与执行案件无关的信息，对调查过程中知悉的国家秘密、商业秘密和个人隐私应当保密。

法释〔2017〕16号、法释〔2020〕18号（2020）

第7条 股东依据公司法第三十三条、第九十七条或者公司章程的规定，起诉请求查阅或者复制公司特定文件材料的，人民法院应当依法予以受理。

公司有证据证明前款规定的原告在起诉时不具有公司股东资格的，人民法院应当驳回起诉，但原告有初步证据证明在持股期间其合法权益受到损害，请求依法查阅或者复制其持股期间的公司特定文件材料的除外。

第10条 人民法院审理股东请求查阅或者复制公司特定文件材料的案件，对原告诉讼请求予以支持的，应当在判决中明确查阅或者复制公司特定文件材料的时间、地点和特定文件材料的名录。

股东依据人民法院生效判决查阅公司文件材料

的，在该股东在场的情况下，可以由会计师、律师等依法或者依据执业行为规范负有保密义务的中介机构执业人员辅助进行。

第11条 股东行使知情权后泄露公司商业秘密导致公司合法利益受到损害，公司请求该股东赔偿相关损失的，人民法院应当予以支持。

根据本规定第十条辅助股东查阅公司文件材料的会计师、律师等泄露公司商业秘密导致公司合法利益受到损害，公司请求其赔偿相关损失的，人民法院应当予以支持。

法释〔2018〕21号

第6条 有下列情况之一，不立即采取行为保全措施即足以损害申请人利益的，应当认定属于民事诉讼法第一百条、第一百零一条规定的“紧急情况”：

（一）申请人的商业秘密即将被非法披露；

（二）申请人的发表权、隐私权等人身权利即将受到侵害；

……

法释〔2018〕22号

第2条 知识产权法庭审理下列案件：

（一）不服高级人民法院、知识产权法院、中级人民法院作出的发明专利、实用新型专利、植物新品种、集成电路布图设计、技术秘密、计算机软件、垄断第一审民事案件判决、裁定而提起上诉的案件；

……

（三）不服高级人民法院、知识产权法院、中级人民法院对发明专利、实用新型专利、外观设计专利、植物新品种、集成电路布图设计、技术秘密、计算机软件、垄断行政处罚等作出的第一审行政案件判决、裁定而提起上诉的案件；

……

第14条第1款 本规定施行前经批准可以受理专利、技术秘密、计算机软件、垄断第一审民事和行政案件的基层人民法院，不再受理上述案件。

法释〔2019〕3号、法释〔2020〕18号（2020）

第10条 单个债权人有权查阅债务人财产状况报告、债权人会议决议、债权人委员会决议、管理人监督报告等参与破产程序所必需的债务人财务和经营信息资料。管理人无正当理由不予提供的，债权人可以请求人民法院作出决定；人民法院应当在五日内作出决定。

上述信息资料涉及商业秘密的，债权人应当依法承担保密义务或者签署保密协议；涉及国家秘密的应当依照相关法律规定处理。

法释〔2020〕7号

第1条 与技术有关的结构、原料、组分、配方、材料、样品、样式、植物新品种繁殖材料、工艺、方法或其步骤、算法、数据、计算机程序及其有关文档等信息，人民法院可以认定构成反不正当竞争法第九条第四款所称的技术信息。

与经营活动有关的创意、管理、销售、财务、计划、样本、招投标材料、客户信息、数据等信息，人民法院可以认定构成反不正当竞争法第九条第四款所称的经营信息。

前款所称的客户信息，包括客户的名称、地址、联系方式以及交易习惯、意向、内容等信息。

第2条 当事人仅以与特定客户保持长期稳定交易关系为由，主张该特定客户属于商业秘密的，人民法院不予支持。

客户基于对员工个人的信赖而与该员工所在单位进行交易，该员工离职后，能够证明客户自愿选择与该员工或者该员工所在的新单位进行交易的，人民法院应当认定该员工没有采用不正当手段获取权利人的商业秘密。

第3条 权利人请求保护的信息在被诉侵权行

为发生时不为所属领域的相关人员普遍知悉和容易获得的，人民法院应当认定为反不正当竞争法第九条第四款所称的不为公众所知悉。

第4条 具有下列情形之一的，人民法院可以认定有关信息为公众所知悉：

（一）该信息在所属领域属于一般常识或者行业惯例的；

（二）该信息仅涉及产品的尺寸、结构、材料、部件的简单组合等内容，所属领域的相关人员通过观察上市产品即可直接获得的；

（三）该信息已经在公开出版物或者其他媒体上公开披露的；

（四）该信息已通过公开的报告会、展览等方式公开的；

（五）所属领域的相关人员从其他公开渠道可以获得该信息的。

将为公众所知悉的信息进行整理、改进、加工后形成的新信息，符合本规定第三条规定的，应当认定该新信息不为公众所知悉。

第5条 权利人为防止商业秘密泄露，在被诉侵权行为发生以前所采取的合理保密措施，人民法院应当认定为反不正当竞争法第九条第四款所称的相应保密措施。

人民法院应当根据商业秘密及其载体的性质、商业秘密的商业价值、保密措施的可识别程度、保密措施与商业秘密的对应程度以及权利人的保密意愿等因素，认定权利人是否采取了相应保密措施。

第6条 具有下列情形之一，在正常情况下足以防止商业秘密泄露的，人民法院应当认定权利人采取了相应保密措施：

（一）签订保密协议或者在合同中约定保密义务的；

（二）通过章程、培训、规章制度、书面告知等方式，对能够接触、获取商业秘密的员工、前员工、供应商、客户、来访者等提出保密要求的；

（三）对涉密的厂房、车间等生产经营场所限制来访者或者进行区分管理的；

（四）以标记、分类、隔离、加密、封存、限制能够接触或者获取的人员范围等方式，对商业秘密及其载体进行区分和管理的；

（五）对能够接触、获取商业秘密的计算机设备、电子设备、网络设备、存储设备、软件等，采取禁止或者限制使用、访问、存储、复制等措施的；

（六）要求离职员工登记、返还、清除、销毁其接触或者获取的商业秘密及其载体，继续承担保密义务的；

（七）采取其他合理保密措施的。

第7条　权利人请求保护的信息因不为公众所知悉而具有现实的或者潜在的商业价值的，人民法院经审查可以认定为反不正当竞争法第九条第四款所称的具有商业价值。

生产经营活动中形成的阶段性成果符合前款规定的，人民法院经审查可以认定该成果具有商业价值。

第8条　被诉侵权人以违反法律规定或者公认的商业道德的方式获取权利人的商业秘密的，人民法院应当认定属于反不正当竞争法第九条第一款所称的以其他不正当手段获取权利人的商业秘密。

第9条　被诉侵权人在生产经营活动中直接使用商业秘密，或者对商业秘密进行修改、改进后使用，或者根据商业秘密调整、优化、改进有关生产经营活动的，人民法院应当认定属于反不正当竞争法第九条所称的使用商业秘密。

第10条　当事人根据法律规定或者合同约定所承担的保密义务，人民法院应当认定属于反不正当竞争法第九条第一款所称的保密义务。

当事人未在合同中约定保密义务，但根据诚信原则以及合同的性质、目的、缔约过程、交易习惯等，被诉侵权人知道或者应当知道其获取的信息属于权利人的商业秘密的，人民法院应当认定被诉侵权人对其获取的商业秘密承担保密义务。

第 12 条 人民法院认定员工、前员工是否有渠道或者机会获取权利人的商业秘密，可以考虑与其有关的下列因素：

（一）职务、职责、权限；

（二）承担的本职工作或者单位分配的任务；

（三）参与和商业秘密有关的生产经营活动的具体情形；

（四）是否保管、使用、存储、复制、控制或者以其他方式接触、获取商业秘密及其载体；

（五）需要考虑的其他因素。

第 13 条 被诉侵权信息与商业秘密不存在实质性区别的，人民法院可以认定被诉侵权信息与商业秘密构成反不正当竞争法第三十二条第二款所称的实质上相同。

人民法院认定是否构成前款所称的实质上相同，可以考虑下列因素：

（一）被诉侵权信息与商业秘密的异同程度；

（二）所属领域的相关人员在被诉侵权行为发生时是否容易想到被诉侵权信息与商业秘密的区别；

（三）被诉侵权信息与商业秘密的用途、使用方式、目的、效果等是否具有实质性差异；

（四）公有领域中与商业秘密相关信息的情况；

（五）需要考虑的其他因素。

第 14 条 通过自行开发研制或者反向工程获得被诉侵权信息的，人民法院应当认定不属于反不正当竞争法第九条规定的侵犯商业秘密行为。

前款所称的反向工程，是指通过技术手段对从公开渠道取得的产品进行拆卸、测绘、分析等而获得该产品的有关技术信息。

被诉侵权人以不正当手段获取权利人的商业秘密后，又以反向工程为由主张未侵犯商业秘密的，人民法院不予支持。

第 15 条第 1 款 被申请人试图或者已经以不正当手段获取、披露、使用或者允许他人使用权利人所主张的商业秘密，不采取行为保全措施会使判决难以执行或者造成当事人其他损害，或者将会使权利人的合法权益受到难以弥补的损害的，人民法院可以依法裁定采取行为保全措施。

第 16 条 经营者以外的其他自然人、法人和非法人组织侵犯商业秘密，权利人依据反不正当竞争法第十七条的规定主张侵权人应当承担的民事责任的，人民法院应予支持。

第17条 人民法院对于侵犯商业秘密行为判决停止侵害的民事责任时，停止侵害的时间一般应当持续到该商业秘密已为公众所知悉时为止。

依照前款规定判决停止侵害的时间明显不合理的，人民法院可以在依法保护权利人的商业秘密竞争优势的情况下，判决侵权人在一定期限或者范围内停止使用该商业秘密。

第18条 权利人请求判决侵权人返还或者销毁商业秘密载体，清除其控制的商业秘密信息的，人民法院一般应予支持。

第19条 因侵权行为导致商业秘密为公众所知悉的，人民法院依法确定赔偿数额时，可以考虑商业秘密的商业价值。

人民法院认定前款所称的商业价值，应当考虑研究开发成本、实施该项商业秘密的收益、可得利益、可保持竞争优势的时间等因素。

第20条 权利人请求参照商业秘密许可使用费确定因被侵权所受到的实际损失的，人民法院可以根据许可的性质、内容、实际履行情况以及侵权行为的性质、情节、后果等因素确定。

人民法院依照反不正当竞争法第十七条第四款确定赔偿数额的，可以考虑商业秘密的性质、商业价值、研究开发成本、创新程度、能带来的竞争优势以及侵权人的主观过错、侵权行为的性质、情节、后果等因素。

第 21 条 对于涉及当事人或者案外人的商业秘密的证据、材料，当事人或者案外人书面申请人民法院采取保密措施的，人民法院应当在保全、证据交换、质证、委托鉴定、询问、庭审等诉讼活动中采取必要的保密措施。

违反前款所称的保密措施的要求，擅自披露商业秘密或者在诉讼活动之外使用或者允许他人使用在诉讼中接触、获取的商业秘密的，应当依法承担民事责任。构成民事诉讼法第一百一十一条规定情形的，人民法院可以依法采取强制措施。构成犯罪的，依法追究刑事责任。

第 22 条 人民法院审理侵犯商业秘密民事案件时，对在侵犯商业秘密犯罪刑事诉讼程序中形成的证据，应当按照法定程序，全面、客观地审查。

由公安机关、检察机关或者人民法院保存的与被诉侵权行为具有关联性的证据，侵犯商业秘密民事案件的当事人及其诉讼代理人因客观原因不能自行收集，申请调查收集的，人民法院应当准许，但可能影响正在进行的刑事诉讼程序的除外。

第23条 当事人主张依据生效刑事裁判认定的实际损失或者违法所得确定涉及同一侵犯商业秘密行为的民事案件赔偿数额的，人民法院应予支持。

第24条 权利人已经提供侵权人因侵权所获得的利益的初步证据，但与侵犯商业秘密行为相关的账簿、资料由侵权人掌握的，人民法院可以根据权利人的申请，责令侵权人提供该账簿、资料。侵权人无正当理由拒不提供或者不如实提供的，人民法院可以根据权利人的主张和提供的证据认定侵权人因侵权所获得的利益。

第25条 当事人以涉及同一被诉侵犯商业秘密行为的刑事案件尚未审结为由，请求中止审理侵犯商业秘密民事案件，人民法院在听取当事人意见后认为必须以该刑事案件的审理结果为依据的，应予支持。

第26条第1款 对于侵犯商业秘密行为，商业秘密独占使用许可合同的被许可人提起诉讼的，人民法院应当依法受理。

第27条 权利人应当在一审法庭辩论结束前明确所主张的商业秘密具体内容。仅能明确部分的，人民法院对该明确的部分进行审理。

权利人在第二审程序中另行主张其在一审中未明确的商业秘密具体内容的，第二审人民法院可以根据当事人自愿的原则就与该商业秘密具体内容有关的诉讼请求进行调解；调解不成的，告知当事人另行起诉。双方当事人均同意由第二审人民法院一并审理的，第二审人民法院可以一并裁判。

第28条 人民法院审理侵犯商业秘密民事案件，适用被诉侵权行为发生时的法律。被诉侵权行为在法律修改之前已经发生且持续到法律修改之后的，适用修改后的法律。

（法释〔2007〕2号、法释〔2020〕19号（2020）第9~17条，法释〔2022〕9号第29条）

法释〔2020〕10号

第3条 采取非法复制、未经授权或者超越授权使用计算机信息系统等方式窃取商业秘密的，应当认定为刑法第二百一十九条第一款第一项规定的“盗窃”。

以贿赂、欺诈、电子侵入等方式获取权利人的商业秘密的，应当认定为刑法第二百一十九条第一款第一项规定的“其他不正当手段”。

第4条 实施刑法第二百一十九条规定的行为，具有下列情形之一的，应当认定为“给商业秘密的权利人造成重大损失”：

（一）给商业秘密的权利人造成损失数额或者因侵犯商业秘密违法所得数额在三十万元以上的；

（二）直接导致商业秘密的权利人因重大经营困难而破产、倒闭的；

（三）造成商业秘密的权利人其他重大损失的。

给商业秘密的权利人造成损失数额或者因侵犯商业秘密违法所得数额在二百五十万元以上的，应当认定为刑法第二百一十九条规定的“造成特别严重后果”。

第5条 实施刑法第二百一十九条规定的行为造成的损失数额或者违法所得数额，可以按照下列方式认定：

（一）以不正当手段获取权利人的商业秘密，尚未披露、使用或者允许他人使用的，损失数额可以根据该项商业秘密的合理许可使用费确定；

（二）以不正当手段获取权利人的商业秘密后，披露、使用或者允许他人使用的，损失数额可以根据权利人因被侵权造成销售利润的损失确定，但该损失数额低于商业秘密合理许可使用费的，根据合理许可使用费确定；

（三）违反约定、权利人有关保守商业秘密的要求，披露、使用或者允许他人使用其所掌握的商业秘密的，损失数额可以根据权利人因被侵权造成销售利润的损失确定；

（四）明知商业秘密是不正当手段获取或者是违反约定、权利人有关保守商业秘密的要求披露、使用、允许使用，仍获取、使用或者披露的，损失数额可以根据权利人因被侵权造成销售利润的损失确定；

（五）因侵犯商业秘密行为导致商业秘密已为公众所知悉或者灭失的，损失数额可以根据该项商业秘密的商业价值确定。商业秘密的商业价值，可以根据该项商业秘密的研究开发成本、实施该项商业秘密的收益综合确定；

（六）因披露或者允许他人使用商业秘密而获得的财物或者其他财产性利益，应当认定为违法所得。

前款第二项、第三项、第四项规定的权利人因被侵权造成销售利润的损失，可以根据权利人因被侵权造成销售量减少的总数乘以权利人每件产品的合理利润确定；销售量减少的总数无法确定的，可以根据侵权产品销售量乘以权利人每件产品的合理利润确定；权利人因被侵权造成销售量减少的总数和每件产品的合理利润均无法确定的，可以根据侵权产品销售量乘以每件侵权产品的合理利润确定。商业秘密系用于服务等其他经营活动的，损失数额可以根据权利人因被侵权而减少的合理利润确定。

商业秘密的权利人为减轻对商业运营、商业计划的损失或者重新恢复计算机信息系统安全、其他系统安全而支出的补救费用，应当计入给商业秘密的权利人造成的损失。

第6条 在刑事诉讼程序中，当事人、辩护人、诉讼代理人或者案外人书面申请对有关商业秘密或者其他需要保密的商业信息的证据、材料采取保密措施的，应当根据案件情况采取组织诉讼参与人签署保密承诺书等必要的保密措施。

违反前款有关保密措施的要求或者法律法规规定的保密义务的，依法承担相应责任。擅自披露、使用或者允许他人使用在刑事诉讼程序中接触、获取的商业秘密，符合刑法第二百一十九条规定的，依法追究刑事责任。

第9条 具有下列情形之一的，可以酌情从轻处罚：

……

（四）以不正当手段获取权利人的商业秘密后尚未披露、使用或者允许他人使用的。

（该解释由最高人民法院、最高人民检察院共同制定）

法释〔2020〕12号

第19条　人民法院可以对下列待证事实的专门性问题委托鉴定：

……

（三）当事人主张的商业秘密与所属领域已为公众所知悉的信息的异同、被诉侵权的信息与商业秘密的异同；

……

第26条　证据涉及商业秘密或者其他需要保密的商业信息的，人民法院应当在相关诉讼参与人接触该证据前，要求其签订保密协议、作出保密承诺，或者以裁定等法律文书责令其不得出于本案诉讼之外的任何目的披露、使用、允许他人使用在诉讼程序中接触到的秘密信息。

法释〔2020〕26号

第36条第1款　当事人在劳动合同或者保密协议中约定了竞业限制，但未约定解除或者终止劳动合同后给予劳动者经济补偿，劳动者履行了竞业限制义务，要求用人单位按照劳动者在劳动合同解除或者终止前十二个月平均工资的30%按月支付经济补偿的，人民法院应予支持。

第37条 当事人在劳动合同或者保密协议中约定了竞业限制和经济补偿，当事人解除劳动合同时，除另有约定外，用人单位要求劳动者履行竞业限制义务，或者劳动者履行了竞业限制义务后要求用人单位支付经济补偿的，人民法院应予支持。

第38条 当事人在劳动合同或者保密协议中约定了竞业限制和经济补偿，劳动合同解除或者终止后，因用人单位的原因导致三个月未支付经济补偿，劳动者请求解除竞业限制约定的，人民法院应予支持。

法释〔2021〕13号

第8条 当事人对其在诉讼中获取的商业秘密或者其他需要保密的商业信息负有保密义务，擅自披露或者在该诉讼活动之外使用、允许他人使用的，应当依法承担民事责任。构成民事诉讼法第一百一十一条规定情形的，人民法院应当依法处理。

法释〔2021〕20号

第8条第1款 人民法院冻结被执行人股权的，可以向股权所在公司送达协助执行通知书，要求其在实施增资、减资、合并、分立等对被冻结股权所占比例、股权价值产生重大影响的行为前向人民法院书面报告有关情况。人民法院收到报告后，应当及时通知申请执行人，但是涉及国家秘密、商业秘密的除外。

法释〔2022〕13号

第1条第1款 发明专利、实用新型专利、植物新品种、集成电路布图设计、技术秘密、计算机软件的权属、侵权纠纷以及垄断纠纷第一审民事、行政案件由知识产权法院，省、自治区、直辖市人民政府所在地的中级人民法院和最高人民法院确定的中级人民法院管辖。

国际条约

A. 多边公约

《专利合作条约》(1970，2001)

第30条 国际申请的保密性

(1)

(a) 除 (b) 另有规定外，国际局和国际检索单位除根据申请人的请求或授权外，不得允许任何人或机构在国际申请的国际公布前接触该申请。

(b) 上列 (a) 的规定不适用于将国际申请送

交主管国际检索单位，不适用于按第 13 条规定的送交，也不适用于按第 20 条规定的送达。

（2）

（a）除根据申请人的请求或授权外，任何国家局均不得允许第三人在下列各日期中最早的日期之前接触国际申请：

（i）国际申请的国际公布日；

（ii）按第 20 条送达的国际申请的收到日期；

（iii）按第 22 条提供国际申请副本的收到日期。

（b）上列（a）的规定并不妨碍任何国家局将该局已经被指定的事实告知第三人，也不妨碍其公布上述事实。但这种告知或公布只能包括下列事项：受理局的名称、申请人的姓名或名称、国际申请日、国际申请号和发明名称。

（c）上列（a）的规定并不妨碍任何指定局为供司法当局使用而允许接触国际申请。

（3）上列（2）（a）的规定除涉及第 12 条（1）规定的送交外，适用于任何受理局。

（4）为本条的目的，“接触”一词包含第三人可以得知国际申请的任何方法，包括个别传递和普遍公布，但条件是在国际公布前，国家局不得普遍公布国际申请或其译本，或者如果在自优先权日起的 20 个月期限届满时，还没有进行国际公布，那么在自优先权日起的 20 个月届满前，国家局也不得普遍公布国际申请或其译本。

第 38 条　国际初步审查的保密性

（1）国际初步审查报告一经作出，除经申请人请求或授权，国际局或国际初步审查单位均不得准许除选定局外的任何个人或单位，以第 30 条（4）规定的意义并按其规定的限制，在任何时候接触国际初步审查的档案。

（2）除本条（1）、第 36 条（1）和（3）以及第 37 条（3）（b）另有规定外，如未经申请人请求或授权，无论国际局或国际初步审查单位均不得就国际初步审查报告的发布或不发布，以及就国际初步审查要求或选定的撤回或不撤回提供任何信息。

第 50 条　专利信息服务

（3）信息服务进行的方式，应特别便利本身是发展中国家的缔约国获得技术知识和技术，包括可以得到的已公布的技术诀窍在内。

《与贸易有关的知识产权协定》（1993）第 39 条

1. 在保证针对《巴黎公约》（1967）第 10 条之二规定的不公平竞争而采取有效保护的过程中，各成员应依照第2款对未披露信息和依照第3款提交政府或政府机构的数据进行保护。

2. 自然人和法人应有可能防止其合法控制的信息在未经其同意的情况下以违反诚实商业行为的方式向他人披露，或被他人取得或使用，只要此类信息：

（a）属秘密，即作为一个整体或就其各部分的精确排列和组合而言，该信息尚不为通常处理所涉信息范围内的人所普遍知道，或不易被他们获得；

（b）因属秘密而具有商业价值；并且

（c）由该信息的合法控制人，在此种情况下采取合理的步骤以保持其秘密性质。

3. 各成员如要求，作为批准销售使用新型化学个体制造的药品或农业化学物质产品的条件，需提交通过巨大努力取得的、未披露的试验数据或其他数据，则应保护该数据，以防止不正当的商业使用。此外，各成员应保护这些数据不被披露，除非属为保护公众所必需，或除非采取措施以保证该数据不被用在不正当的商业使用中。

《区域全面经济伙伴关系协定》（2020）第11章

第2条 知识产权的范围

就本章而言，知识产权指《与贸易有关的知识产权协定》第二部分第一至七节所指的著作权和相关权利，商标、地理标志、工业设计和专利、集成电路布图设计（拓扑图）、保护植物品种，以及对未披露信息的保护。

第56条　未披露信息的保护

一、每一缔约方应当根据《与贸易相关的知识产权协定》第三十九条第二款的规定对未披露的信息提供保护。

二、对于第一款，缔约方认识到保护与第十一章第一条（目标）第二款所提及的目标相关的未披露信息的重要性。

B. 双边协议

《中美第一阶段经贸协议》（全称为《中华人民共和国政府和美利坚合众国政府经济贸易协议》）（2020）

第一章　知 识 产 权

第二节　商业秘密和保密商务信息

美国重视商业秘密保护。中国认为保护商业秘密是优化营商环境的核心要素之一。双方同意，确保对商业秘密和保密商务信息的有效保护，以及对侵犯上述信息①行为的有效执法。

第1.3条 侵犯商业秘密责任人的范围

一、双方应确保所有自然人和法人均可承担侵犯商业秘密的法律责任。

二、中国应将侵犯商业秘密的“经营者”定义为包括所有自然人、组织和法人。

三、美国确认，美国现行措施给予与本条款规定内容同等的待遇。

第1.4条 构成侵犯商业秘密的禁止行为范围

一、双方应确保，侵犯商业秘密被追究责任的禁止行为，其范围完全涵盖盗窃商业秘密的方式。

二、中国应列出构成侵犯商业秘密的其他行为，尤其是：（一）电子入侵；（二）违反或诱导违反不披露秘密信息或意图保密的信息的义务；（三）对于在有义务保护商业秘密不被披露或有义务限制使用商业秘密的情形下获得的商业秘密，未经授权予以披露或使用。

---

① 双方同意，保密商务信息是涉及或与如下情况相关的信息：任何自然人或法人的商业秘密、流程、经营、作品风格或设备，或生产、商业交易，或物流、客户信息、库存，或收入、利润、损失或费用的金额或来源，或其他具备商业价值的信息，且披露上述信息可能对持有该信息的自然人或法人的竞争地位造成极大损害。

三、中国与美国同意加强商业秘密保护方面的合作。

四、美国确认，美国现行措施给予与本条款规定内容同等的待遇。

第 1.5 条 民事程序中的举证责任转移

一、双方应规定，在侵犯商业秘密的民事司法程序中，如商业秘密权利人已提供包括间接证据在内的初步证据，合理指向被告方侵犯商业秘密，则举证责任或提供证据的责任（在各自法律体系下使用适当的用词）转移至被告方。

二、中国应规定：（一）当商业秘密权利人提供以下证据，未侵犯商业秘密的举证责任或提供证据的责任（在各自法律体系下使用适当的用词）转移至被告方：1. 被告方曾有渠道或机会获取商业秘密的证据，且被告方使用的信息在实质上与该商业秘密相同；2. 商业秘密已被或存在遭被告方披露或使用的风险的证据；或 3. 商业秘密遭到被告方侵犯的其他证据；以及（二）在权利人提供初步证据，证明其已对其主张的商业秘密采取保密措施的情形下，举证责任或提供证据的责任（在各自法律体系下使用适当的用词）转移至被告方，以证明权利人确认的商业秘密为通常处理所涉信息范围内的人所普遍知道或容易获得，因而不是商业秘密。

三、美国确认，美国现行措施给予与本条款规定内容同等的待遇。

第1.6条 阻止使用商业秘密的临时措施

一、双方应规定及时、有效的临时措施，以阻止使用被侵犯的商业秘密。

二、中国应将使用或试图使用所主张的商业秘密信息认定为“紧急情况”，使得司法机关有权基于案件的特定事实和情形采取行为保全措施。

三、美国确认，美国现行措施给予与本条款规定内容同等的待遇。

第1.7条 启动刑事执法的门槛

一、双方应取消任何将商业秘密权利人确定发生实际损失作为启动侵犯商业秘密刑事调查前提的要求。

二、中国：（一）作为过渡措施，应澄清在相关法律的商业秘密条款中，作为刑事执法门槛的“重大损失”可以由补救成本充分证明，例如为减轻对商业运营或计划的损害或重新保障计算机或其他系统安全所产生的成本，并显著降低启动刑事执法的所有门槛；以及（二）作为后续措施，应在可适用的所有措施中取消将商业秘密权利人确定发生实际损失作为启动侵犯商业秘密刑事调查前提的要求。

第 1.8 条　刑事程序和处罚

一、双方应规定刑事程序和处罚适用于对故意侵犯商业秘密的处理。

二、中国的刑事程序和处罚应至少将出于非法目的，通过盗窃、欺诈、实体或电子入侵的形式侵犯商业秘密的行为，以及未经授权或不当使用计算机系统的行为列为禁止行为。

三、美国确认，美国现行措施给予与本条款规定内容同等的待遇。

第 1.9 条　保护商业秘密和保密商务信息免于政府机构未经授权的披露

一、为进一步加强对商业秘密的保护，更好地鼓励各类企业创新，中国应禁止政府工作人员或第三方专家或顾问，未经授权披露在中央或地方政府层面刑事、民事、行政或监管程序中提交的未披露信息、商业秘密或保密商务信息。

二、中国应要求各级行政机构和其他机构：（一）将提交信息的要求控制在合法实施调查或监管所需范围内；（二）将有权接触所提交信息的人员仅限于实施合法调查或监管的政府工作人员；（三）确保已提交信息的安全和保护；（四）确保与信息提交方有竞争关系，或与调查或监管结果有实际或可能经济利益关系的第三方专家或顾问，不得接触到此类信息；（五）建立申请豁免信息披露的程序，以及对向第三方披露信息提出异议的机制；（六）对未经授权披露商业秘密或保密商务信息的行为实施应阻遏此类未经授权披露的刑事、民事和行政处罚，包括罚金和停止或终止聘用，以及作为修订相关法律的最终措施一部分的监禁。

三、美国确认，美国现行措施给予与本条款规定内容同等的待遇。

第三节　药品相关的知识产权

药品事关人民生命健康，寻找治疗和治愈疾病的新方法的需求持续存在，例如针对癌症、糖尿病、高血压和中风等。为促进中美双方在医药领域的创新与合作，更好满足患者需要，双方应为药品相关知识产权，包括专利以及为满足上市审批条件而提交的未经披露的试验数据或其他数据，提供有效保护和执法。

后 记

在欧罗巴求学的时代，在慕大典雅的阶梯大讲堂里，我获得了一种深刻的印象——法学，就是穿越法律条文丛林的技术和艺术，而那将被捕获的就是个案（的结论）。基于这样的认识，我在归国后的教学活动中，只要求同学们带一种读本——法典——进教室。

我的专业是知识产权法和竞争法，而商业秘密制度是其中的一个经典议题，自然也是课堂上绕不过去的章节之一。但是，在很长一段时间里，我也仅仅对其“施予一般注意力”而已。后来，应该是由于较难认同“单独立法”的论点，我开始留心搜罗现行法中的商业秘密条文，想给自己建立一个较为客观的“全景图”。

不曾想到，这个过程一下子就已经持续七八年了……

当然，近几年来的疫情加快了时间的步伐，打乱了人类的步调。而我也得以忙里偷闲，漫步到法律密林的深处，怀揣着邂逅草丛中星点花朵的希冀。

您看，丛林从来没有让它的猎手朋友失望过。

坦率地说，在深入这片林地时，我没有预期到它已经如此茂密——中国现行法中直接规定了商业秘密的条文竟然有这么多，它们让我心中一度浮起的枯燥感觉随风而去，整个地陶醉在法律万花筒的精彩风景中去了。

我意识到，我捕获了一头大象——一个当代东方法律史上难得的立法例。

您不妨把这本小册子看作我与大象共舞的备忘录。

不过，这是一个“手抄本”。之所以这样，是因为编纂的过程没有被纳入任何计划之中。而我也算是一个 DIY 爱好者——您不难理解，逐一翻阅法典，邂逅商业秘密条款的感觉就像在沙滩上散步时看见了闪光的金属一样，制造了一次又一次的惊喜。

当然，手工作业不可避免地留下了非完整性的瑕疵。

如果本册子中的不足被视为“作品独创性”的某种证据，这并不完全违反我的本意。但是，它们更重要的价值还在于，督促我从明天就开始为一个更完美的版本做准备。

您的建议和批判，将是对我的奖励。

而我也希望借此机会再分享如下拙见——

一个法律人必须像敬畏大自然一样对待法律丛林。

开着推土机闯进密林，那将是一个巨大的错误。

韦　之

2022 年 12 月 25 日草稿，

次年 7 月 9 日定稿于

岭南漓水之畔